科学么么哒

探索交通

Explore Transportation

25个探究交通的创新活动

[美]阿妮塔·亚苏达 著 【美】布赖恩·斯通 图
董海雅 译

上海科技教育出版社

目录

前言

一起探索交通运输吧!

陆地运输、海洋运输与空中运输方式

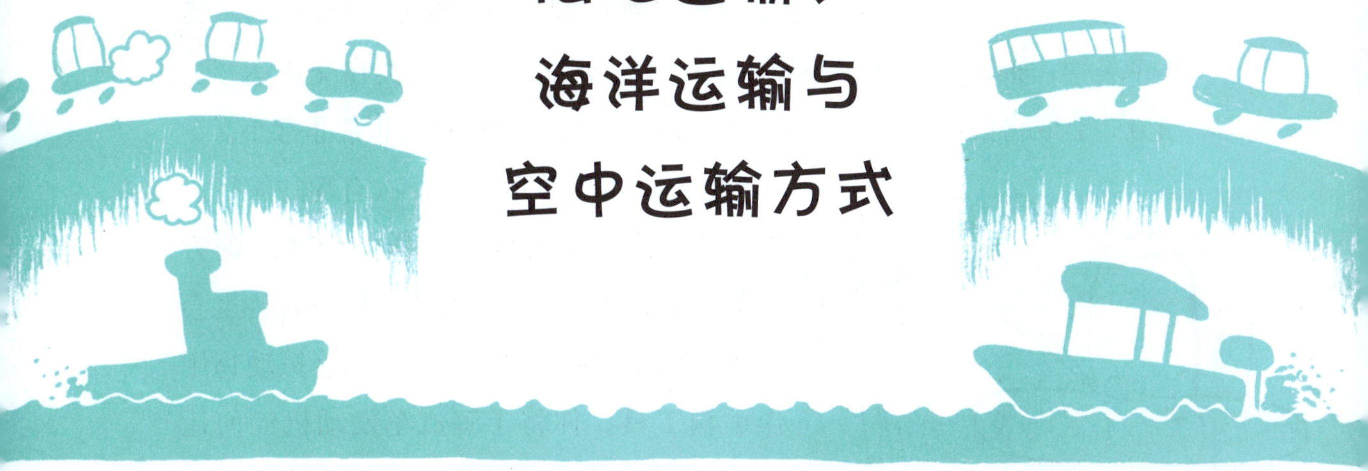

你有没有想过，假如世界上没有载人或载物的交通运输工具，那么生活会变成什么样？假如没有发明轮子，那我们该怎么出行呢？

如果真是这样，那我们就只好完全依靠自己的双脚，或者依靠动物了。那就意味着我们无法乘坐汽车、火车或飞机到自己想去的地方旅行。世界上也不会出现自行车、摩托车和溜冰鞋。因为这些都需要有轮子转动才行。难怪许多人认为，在人类所有的发明中，轮子的发明是最酷的！

交通运输是日常生活中重要的一部分。如果你以前收到过包裹，或去别的地方度过假，那你就一定使用了交通运输工具。在现代社会，运送旅客、货物、食物和信件的速度比古代社会快无数倍，而且还能到达更远的地方，这些都是我们的**祖先**绝对没有想到的。在过去，从欧洲乘船到美国要在海上漂泊好几个星期，而现在乘飞机只要十几个小时就能到达。人类在交通运输方式上取得的所有进步，使这个广阔无比的世界看起来非常非常小。

阅读本书就如同做一次有趣的旅行，你将有机会了解各种各样的交通运输方式。你将会看到古代人的出行方式，也会看到即使在现代，有些地区仍然把动物用作运输工具。你将了解汽车发动机如何运作，以及未来会有哪些新的运输方式出现。在阅读的旅途中，你会时不时地遇到一些帮助你加深理解的实验，例如，一个物体为什么会沉在水里或浮在水面上。你还将有机会顺路拜访许多发明家，正是他们的发明造就了我们今天所熟悉的运输方式。你甚至还能自己动手，制作旅行所需的背包和指南针。

不论是横跨海洋，还是穿越某个国家，或者只是过马路，人们其实一直都在不停地移动之中。你想了解交通运输方式吗？准备好了吗？一起出发吧！

词汇单

交通运输：用交通工具把人或货物从一个地方运到另一个地方。

祖先：民族或家族较早的上代。

做一个抽绳背包

背包是很好的旅行必备品，不管你是去附近随便逛逛，还是去一个遥远的国家旅行，都可以把需要的东西放在背包里。背包里可放的实用物品有：一支钢笔或铅笔、一本便签本、几包纸巾、一支防晒霜和一些小零食。

1 把枕套开口的一端剪下来，使剩余部分从顶到底留有约 60 厘米的距离。

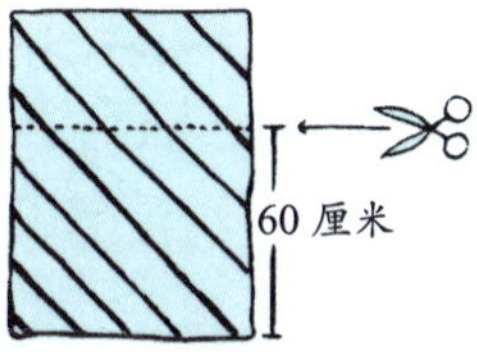

2 把枕套从里向外翻过来，然后在开口处向下折约 8 厘米的贴边。

3 用胶水把贴边向下粘住，只留有约 3 厘米左右的开口，用来装抽绳。待胶水干了之后，再把枕套翻过来。

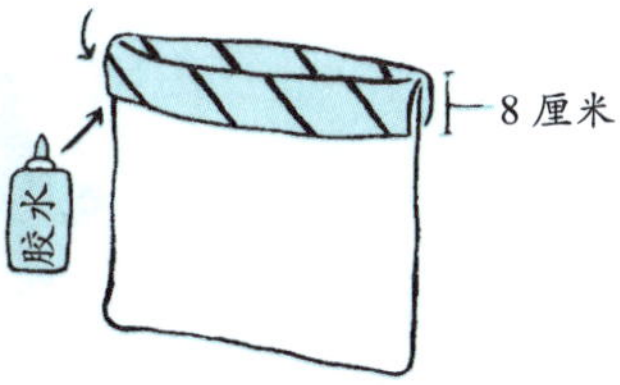

4 把安全别针别在一根细绳上，从贴边开口处穿过。慢慢地移动别针，使细绳从整个贴边中穿过。

5 用胶水把贴边开口处封住，胶水完全干透之后，把绳子两端系在一起。剪去多余的绳子。最好准备一根足够长的细绳，这样做成的抽绳不仅能绕贴边一周，还能挂在肩上。

6 在背包里装满旅行所需的东西。用抽绳把背包收紧后，就可以把背包搭在肩上啦。

活动准备

* 枕套
* 剪刀
* 卷尺
* 布料专用胶水
* 一枚大的安全别针
* 大约1.2米长的细绳（可在布店或饰品店买到）

去另一个国家旅行

如果有机会出国旅行，你最想去哪里？虽然不一定立刻能去，不过通过看书和上网（先要得到父母的同意才行），你可以“到达”世界上任何一个地方。先选择一个目的地，然后查找下列问题的答案。把你的想法记录在旅行日记中吧。

1 你最想去哪个国家旅行？你最想在一年中什么时候出发？

2 要想到达那个国家，你有多少种交通方式可以选择？

3 你想游览哪一个城市？到了这个城市以后打算住在哪里？

4 你到达目的地的那几天，当地的天气情况如何？

5 你在当地逗留期间，想要参观哪些名胜古迹或有特色的景点？

6 你打算在那里待多久？打算怎么回家？

7 你对这次旅行的印象如何？

活动准备

* 用来写旅行日记的笔记本
* 铅笔
* 有关另一个国家的旅游指南
* 能够上网的设备

1. 双脚走天下：步行运输方式

自古以来，人们总是需要将自己以及随身物品从一个地方带到另一个地方。如今，有了各种先进的交通运输方式，不论是横跨海洋，还是穿越一个国家，几乎就像从郊区到市区那么便捷。

发挥你的想象力，把现在的情况试着跟一个生活在**史前**时代的小孩解释一下。在史前时代，要想从一个地方到另一个地方去，只能依靠双脚，无论去哪里都要步行。这可不像我们今天在公园里散步那么轻松。当时没有人行道，路面凹凸不平，每走到一个地方，脚都会非常酸痛。我们的远古祖先曾经迈着双脚走过锋利的岩石和滚烫的沙滩，也曾经踏过冰冷的水坑和湿滑的泥塘。

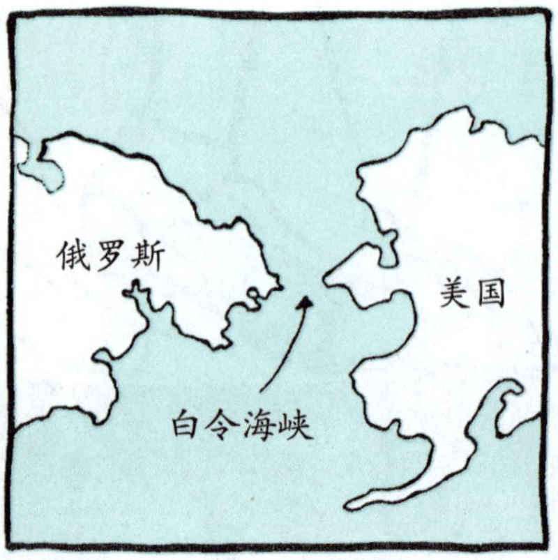

远古的人没有运动鞋可穿，甚至连鞋也没有，都是光着脚走来走去，后来才慢慢开始穿由树皮、木头、草或叶子做成的鞋。他们每次从一个地方搬到另一个地方居住，会把所有的家当都背在身上，甚至还背着房子！因为如果单靠步行，要好多个小时才能走几千米。

史前行走

最早到达现在北美洲所在地区的人类，是完全靠着双脚从一个**大洲**迁徙到另一个大洲的。在距今 200 万年到 1 万年前的**冰期**，**白令海峡**曾经被称为**白令海陆桥**所覆盖。这座陆桥从亚洲的**西伯利亚**一直延伸到北美洲的阿拉斯加。

美洲最早的居民都以狩猎为生，他们用捕获的猎物充饥。由于动物们在不停地迁移，因而他们也会跟随动物从一个大洲迁徙到另一个大洲。

词汇单

史前：远古时代，有文字记载的历史出现之前。

大洲：地球上的主要陆块。

冰期：地球表面覆盖着大规模冰川的历史时期。

白令海峡：俄罗斯的西伯利亚与美国的阿拉斯加之间的海域。

白令海陆桥：在冰期曾经覆盖白令海峡的一片陆地，如桥梁一般。

西伯利亚：亚洲的一个地区，在俄罗斯境内。

他们到达北美洲之后，一部分人开始向南部迁徙，最终来到了我们今天所知的中美洲和南美洲。

地球以外的世界

宇航员（有时也称为航天员）在太空行走也叫“舱外活动”。舱外活动是太空探索中重要的一部分，宇航员在舱外进行科学实验，对国际空间站的舱外设备进行维修。迄今为止，最长的一次舱外活动纪录为 8 小时 56 分钟，由美国宇航局宇航员吉姆 · 沃斯和苏珊 · 赫尔姆斯保持。他们是 2001 年国际空间站第 2 远征队的两名成员。俄罗斯宇航员阿纳托利 · 索洛维约夫保持着舱外活动次数的纪录，他一共在太空行走了 16 次。

个人的一小步　人类的一大步

迄今为止，人类最著名的行走发生在 1969 年 7 月 20 日。那一天，美国宇航员尼尔 · 阿姆斯特朗乘坐“阿波罗 11 号”宇宙飞船在月球着陆，身为此飞船指挥长的他率先踏上月球表面，成为人类历史上第一个在太空行走的人。为了纪念这一历史性的时刻，他发表了重要的讲话：“这是我个人的一小步，却是人类迈出的一大步。”要不是穿着一种专门设计的可以控制体内温度并提供氧气的太空服，阿姆斯特朗的太空行走根本不可能实现。由于月球的引力远远小于地球的引力，因此，阿姆斯特朗在月球上与其说是在行走，不如说更像是在跳跃。

宇航员通常穿一种能够抗击一切冲击力的特殊鞋子。人类首次月球漫步的多年之后，美国的耐克公司设计了一种由减震材料制成的运动鞋，与阿姆斯特朗当初登月时所穿的鞋子使用的材料类似。

月球上没有天气变化。阿姆斯特朗第一次在月球上行走时留下的脚印既不会被雨水冲刷，也不会被风吹去，永远留在了月球的表面。

早期的度量方式

早在意大利探险家**克里斯托弗·哥伦布**来到美洲之前，在欧洲“中世纪”（550—1350 年）这段漫长的历史时期中，度量单位都由历代欧洲国王制订。距离是根据国王脚的大小来测定的。1 英尺（foot）就是国王一只脚的脚后跟到脚趾的长度。如果某个城堡与某条河流之间的距离是 500 英尺，那就意味着国王的两只脚紧挨着走了 500 步。这种方式听起来很容易，可是万一下一任国王的脚小一点或大一点，那可怎么办？

早期欧洲人测量“码” (yard) 的方式也同样滑稽可笑。国王伸出一只胳膊，那么从他的鼻子到中指指尖的这段距离就算作 1 码。要是一个国王的鼻子长（或胳膊短），那么这 1 码的大小与其他国王在任时使用的 1 码也会有所不同。

肘（cubit）和拃（span）是另外两种表示距离的单位。1 肘是中指指尖到胳膊肘的距离，大约 43—53 厘米长。1 拃是手掌打开后拇指尖到中指尖的距离，长度大约为 15—20 厘米。

你知道吗？

“米”之所以被定为米制基本单位，是因为它是赤道到南极或北极之间总长度的1000万分之一。

随着时间的推移，英国逐渐统一了几乎所有的度量衡，包括度量距离的单位。1英尺等于12英寸，1码等于3英尺等等。后来，人们都使用了这个统一的标准。美国曾经是英国的殖民地，因此美国人也采用了英式度量体系（英制）。

米　　制

国际单位制又称为**米制**。在这一体系中，度量单位既可以被10等分，又可以乘以10。1791年，法国科学院的几位科学家开始共同着手制订米制。

词汇单

克里斯托弗·哥伦布： 著名意大利探险家，受西班牙国王派遣，在寻找去中国的新航线途中，意外发现了美洲新大陆。

米制： 又称为“公制”，是以“米”和“千克”为基本单位的计量体系。

米制最基本的度量单位就是米（meter），这个英文单词最早源自希腊语，意思是“测量”。在米制中，较大的计量单位乘以 10 的幂次，可以转换为较小的单位，例如，1 千米等于 1000 米。较小的计量单位除以 10 的幂次，可以转换为较大的单位，例如，100 厘米等于 1 米。

你知道吗？

1791 年，当时担任美国第一任国务卿的托马斯·杰斐逊敦促国会采用米制。然而，国会并没有认真考虑这一提议，因为米制当时还没有在欧洲正式实施。即便是法国，也是到 1795 年才开始正式使用米制单位。

在 19 世纪中叶之前，米制单位断断续续在欧洲一些国家使用，并没有成为统一的标准。为了避免混淆，美国继续使用以英尺和码为基础的英制单位。1875 年，法国、德国等 17 个国家代表在巴黎签署了“米制公约”，决定正式将米制作为统一的度量标准。然而，美国不愿意改变原有的度量衡制度，直到今日，美国依然是世界上为数不多的拒绝采用米制的国家之一，而其他国家基本上都在使用米制。

头上功夫

在全世界许多地区，人们不仅使用双脚运送物品，而且还会用头来顶。例如，**印度尼西亚**的女性习惯把盛满泥土、食物或水罐的箩筐顶在头上，稳稳地走上好几千米。

她们在头顶重物的同时，可能怀里还抱着婴儿，或者身上背着孩子。

东非女性能用头顶着相当于自己体重 20%—70% 的重物。即使是头上顶着东西，她们的步行速度都在每小时 3.5 千米以上。真可谓头上功夫顶呱呱。

词汇单

印度尼西亚：世界上最大的群岛国家，由印度洋和太平洋里 17000 多座岛屿组成。

机器人学：有关机器人的科学和技术。

机器人的行走纪录

2008 年 4 月，由美国康奈尔大学几名大学生共同研制的步行机器人“突击队员”，创立了一项非官方的世界纪录。这个靠电池运作的机器人在康奈尔大学的跑道上连续行走了 45 圈，相当于走了 9 千米。“突击队员”机器人有四条支架腿，看起来就像一个高高的锯木架。走路时，它里面的两条腿和外面的两条腿轮流迈步，仿佛一个人在拄着拐杖走路。对机器人行走进行研究有两个目的：一是更深入地探索**机器人学**，二是对人类如何行走有更深入的了解。机器人行走的信息将促进人造肢体（假肢）的开发和研究。这不仅可以帮助失去行走能力的人重新开始走路，还有助于运动员提高运动能力。

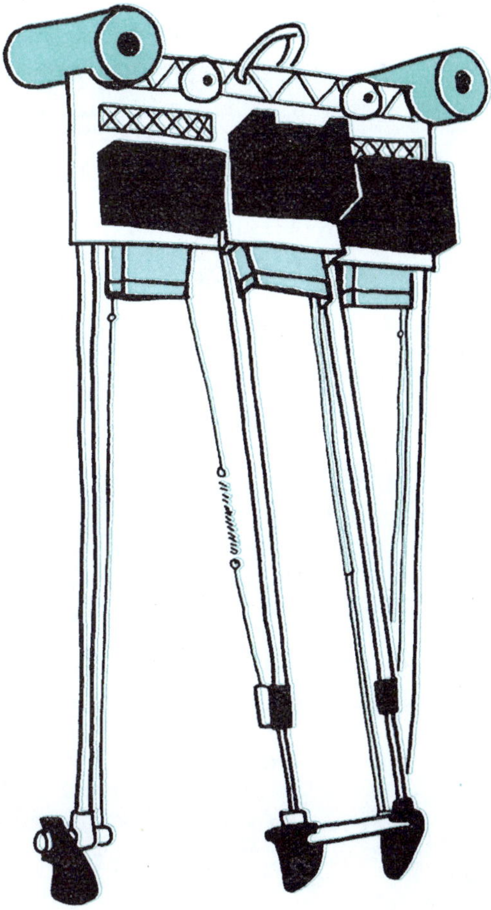

各就各位！预备！

自 1908 年起，竞走就成为夏季奥林匹克运动会的一项赛事。尽管这项运动看起来就像是快步走，但如果你要参加比赛，就必须遵守一些规则。一个规则是，在整个比赛过程中，要始终保持一只脚着地。另一个规则是，前腿从着地的一瞬间起必须保持伸直，膝关节不能弯曲。要想加快速度，最好跨步小一些，双臂靠近臀部，这样可以使身体产生最大的**推力**。

奥运会上有两项竞走比赛：男女 20 千米比赛和男子 50 千米比赛。竞走运动员采用站立式起跑方式。在比赛中，谁能最终获胜主要取决于谁的身体最先冲过终点线，而不单单是头部或脚部先过线。

你知道吗？

1916 年，一种名为“科迪斯”牌的帆布鞋进入市场，成为市场上最早出售的运动鞋。这种橡胶底鞋走起路来非常轻便，不会发出声响，因而很快就受到人们的欢迎。而在当时，除了鹿皮软鞋之外，几乎所有的鞋穿上之后走路都会有声响。

词汇单

推力：向前的冲力。

南极洲：围绕南极的陆地。

“极地长征”

每年，一个名为“极地长征”的公司都会组织“四大沙漠”系列赛事，也就是横穿世界“四大沙漠”的国际赛跑比赛。这四大“沙漠”分别是：智利阿塔卡马沙漠的盐原，埃及撒哈拉沙漠的沙丘，中国戈壁沙漠的丘陵以及**南极洲**的白色冰冻沙漠。参赛选手走7天，行程250千米。他们把路途中所需要的所有器材和食物都背在身上，只有帐篷除外。

人们参加“极地长征”的原因有许多。在整个过程中，他们不仅可以看到世界上人烟稀少的偏远之地，有机会接触到来自其他文化的人，还能测试自己身体的耐受力，并为慈善事业筹款。也有一些选手能在一年内成功穿越这四个“沙漠”。2008年，迪安·卡纳泽斯——一位自诩为“超级马拉松之王”的希腊裔美国人，在当年“四大沙漠”系列赛事中夺冠，他用最短的时间跑步穿越了这“四大沙漠”。

你知道吗？

在大多数人看来，沙漠是一个干燥炎热的地方。因此，把寒冷的**南极洲**看作沙漠似乎有点奇怪。不过，再想想看，沙漠通常很少下雨或几乎从不下雨，也没有河流和湖泊，花草树木等植被无法存活，而这三个特点南极洲都具备，所以它也被叫做“冰冻沙漠”。

梦游

你有“梦游症”或“夜游症”吗？这两个词都是指人在睡眠中无意识地走动。梦游的人会在睡梦中自行下床，经常做一些他们清醒时常做的事情，比如吃东西、穿衣服、洗澡，有时甚至还开车去别的地方。可是睡醒后，他们根本不记得自己在睡梦中做过什么。

自制什锦混合零食

很久以前，美洲印第安人为了保存身体的能量，经常吃“干肉饼”，这是一种把晒干的野牛肉、蔓越莓、种子以及熔化的动物油脂混合在一起的食物。他们把这种营养丰富的干粮装在用动物皮做成的皮袋中。而你现在即将要做的是一种更有利于健康的现代版“牛肉饼”——什锦混合零食，以后出门游玩的时候可以随身携带，当做旅途中的小点心。

活动准备

* 一只大的搅拌碗以及搅拌勺
* 几个量杯
* 葡萄干、苹果干、杏干、枣子、椰肉各 1/3 杯
* 芝麻 1/2 杯
* 胡桃 1/2 杯
* 2 杯花生
* 1 杯巧克力碎片，M&M 巧克力豆或其他小糖果
* 几只小的食品袋

1 把所有配料倒入搅拌碗中搅拌。

2 用量杯来分配搅拌好的零食，装满一量杯之后，倒入食品袋中。这些什锦混合零食大约可以装6袋。别忘了封住袋口。

自制纸篮

用废报纸做一个纸篮吧！虽然不用顶在头上，不过用它来收纳一些日常用品也不错。

1 吹一个大气球。把旧报纸裁成25—30条，每条约30厘米长。

2 在搅拌碗中倒入一杯面粉。慢慢地加水，直到面糊变得黏稠。如果水放多了，就再加些面粉。面糊别太稀就行。

3 把每张纸条都放到面糊中浸一下。用大拇指和食指拎起纸条，等待多余的面糊慢慢掉到碗中。

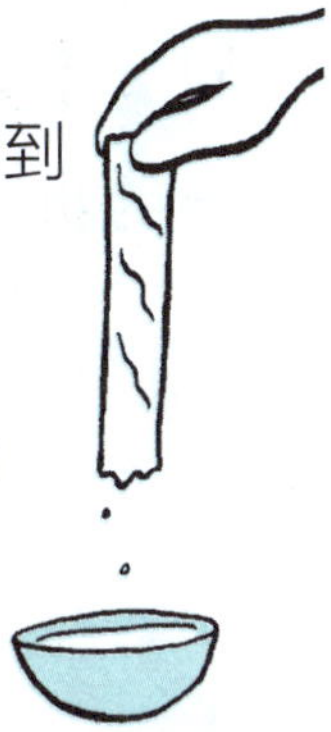

活动准备

- 一个圆气球
- 几张旧报纸
- 剪刀
- 卷尺或直尺
- 一两杯面粉
- 约一杯水
- 一只搅拌碗
- 安全别针
- 水彩颜料，蛋彩颜料，或多支记号笔

4 把所有沾满面糊的纸条交叉贴在气球的下半截，使它看起来像一个编织篮。如果你愿意，还可以把几张纸条并在一起，贴在气球的上半截，做一个提手。

5 把这个气球纸篮放到一个安全的地方晾干。可能几个小时就能晾干，也可能第二天才能干。

6 完全晾干之后，用安全别针戳一下，气球会“砰”的一声爆开。把气球扔掉，纸篮就成形了。给纸篮涂上水彩或蛋彩颜料，或用不同颜色的记号笔给纸篮上色。

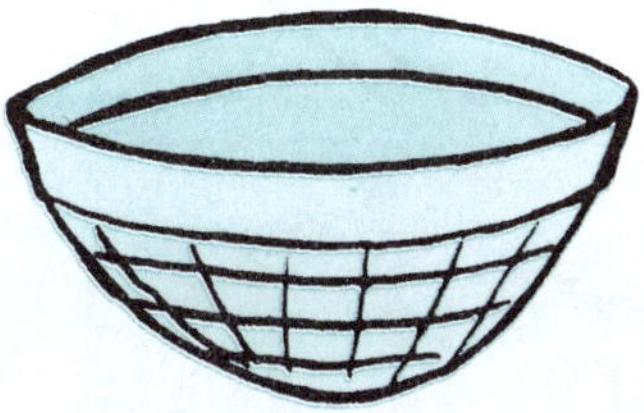

动动脑筋做算术

一个现代的普通人，如果穿着轻便舒适的运动鞋走路，并且保持均匀的步速，那么20分钟左右大约能走完1英里路程（不到2千米）。1英里相当于5280英尺，但是每个人在1英里内走的步数却并不相同，因人而异。你走1英里需要走多少步呢？

活动准备

* 卷尺
* 粗粉笔
* 会开车的爸爸或妈妈
* 铅笔和纸

1 用卷尺量出一段10英尺（约3.3米）的距离，并用粉笔标记起点和终点。

2 像平时一样走路，数一数你从起点到终点一共走了多少步？然后再乘以528（5280除以刚才量出的10英尺），这样就可以估算出1英里（约1.6千米）你所走的步数。

3 请父母帮忙，计算一下从你家到学校或到公共图书馆的距离，可以使用汽车里程表来测量。如果里程数有小数点的话，就四舍五入为整数。把这个数字记录下来。你能步行走这么远吗？

4 做做以下的算术题：如果人们走1英里所花的平均时间为20分钟，那么你从家走到学校或者公共图书馆需要多少分钟？然后再根据你走完1英里所走的步数计算一下，你从家走到这两个目的地分别要走多少步？

2. 负重的牲畜：动物运输方式

人类很早就发现，可以用动物来协助运输。在汽车、火车和飞机出现之前，动物曾是帮助我们人类运输物品的最佳帮手。

在史前时代，几乎每个家庭都养狗，不过当时狗并不是当作宠物来养的，而是必须要为主人干活，帮助以狩猎采摘为生的远古人运送猎物和果实。狗通常会被套在雪橇上，帮助主人把重物从一个露营地拉到另外一个露营地。

驴

马

负重的牲畜

牛、马、驴、骡子等动物常被当作负重或载重的牲畜使用。史前时代的马都是野马，自由地在大地上狂奔，无人管束，直到公元前 4000 年左右才被**驯化**。那时，马背上还没有马鞍，骑着马长途跋涉，身体会感觉很不舒服，而且很难指挥马去你想去的地方。

公元前 1400 年左右，古**叙利亚人**发明了一种起控制作用的马笼头，套在马的头上。在公元前 500 年左右，**斯基泰人**发明了马鞍。从此，马就渐渐习惯了载着人跑来跑去，而人类也习惯了骑马去很远的地方。很久以后，在公元 500 年左右，马镫的发明才问世。有了马镫，人们就能更容易地上马，骑马时也可以把脚搁在上面，这样就不会很快感到疲惫。

公元前 / 公元

在一些表示年代的数字前，有时会出现“公元前”或“公元”的字样。公元纪年是国际通行的纪年体系，从基督教中耶稣的诞生之年算起。公元元年就是公元 1 年，是耶稣诞生的那一年。因此，公元 1 年之前的年代就会冠以“公元前”的称号。公元前的数字看起来似乎有点奇怪，因为随着时间的流逝，这些数字其实会越变越小。比方说，有个小孩子出生于公元前 300 年，那么她 / 他在公元前 290 年过 10 岁生日。就把公元前的年代排列当作向着公元元年的倒计时吧。

词汇单

驯化：使动物变得温顺。

叙利亚人：住在中东叙利亚地区的人。

斯基泰人：古代伊朗的游牧民族。

牛

公牛是牛科动物大家族中的一个成员。在许多国家，人们常使用公牛来拉车、耕田或者拉很重的货物。赶牛人一般会在公牛还是幼崽的时候就进行拉重物训练。公牛要慢慢学会听懂赶牛人的5种口头指令：起来、停下、后退、左拐、右拐。

使用动物做运输工具的人经常一群群地结伴前行，组成商队。当今，大象、骆驼、驴、牦牛和羊驼都是商队经常使用的动物。骆驼即使几天不喝水，也能走很久，因此很适合穿越沙漠。在亚洲、北非和澳大利亚，一队队的骆驼就好像火车一样，按固定的时刻表来来回回往返于不同的小站之间，运送乘客和货物。在亚洲和非洲的许多城市，大象就如同我们平常使用的出租车一样。这些大型动物每天需要喝151升的水。

你知道吗？

骆驼的驼峰并不是装满了水，而是储存了大量的脂肪。这些额外的脂肪可以帮助骆驼在不吃不喝的状态下支撑很久。分布于中亚的双峰驼有两个驼峰，而北非和一些阿拉伯国家的单峰驼只有一个驼峰。

载重的动物及它们的分布地

牦牛

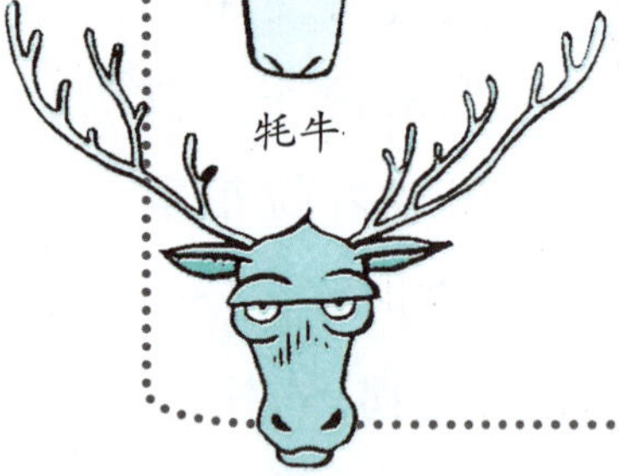

驯鹿

南美洲安第斯山脉——羊驼
中亚——双峰驼、牦牛
北非和阿拉伯半岛——单峰驼
中非和南非——公牛
亚欧大陆——公牛、马
北极地区——狗、驯鹿
南亚和东南亚——印度大象、水牛、牦牛

水牛

雪橇犬队与定居阿拉斯加

在飞机和摩托雪橇发明之前，在白雪皑皑的冰冻大地上穿行或运输货物时，狗拉雪橇这种方式最为快捷。由雪橇犬组成的运输队在人们定居阿拉斯加的过程中发挥了重要的作用。狗拉着雪橇不断地把信件和食物等日常用品运送到当地的定居者手中，当时许多定居者都是在阿拉斯加西部淘金的矿工。

你知道吗？

在英语中，驾驶雪橇的橇夫叫做 musher，人们普遍认为，这个词来自法语词 marche，是行走的意思。

用于搭载乘客的雪橇一般很长，由 20 只雪橇犬共同拉着前行。雪橇犬队在阿拉斯加的交通运输中极其重要，因此美国政府于 1910 年专门修建了“艾迪塔罗德步道”，尤其便于雪橇犬队往返于阿拉斯加的两座城市苏厄德和诺姆之间。途中还设有许多小站。

如今，飞机和摩托雪橇基本上已经取代了狗拉雪橇的运输方式，但是雪橇犬的顽强精神依然在艾迪塔罗德狗拉雪橇大赛上延续着。这个比赛每年举办一次，起点为中南部的安克雷奇市，终点为西部接近白令海峡的诺姆市。参赛队伍由 12—16 只雪橇犬和 1 名橇夫组成，要在 10—17 天之内跋涉 1800 千米。

“驿马快信”

“驿马快信”是 1860 年 4 月—1861 年 10 月之间，美国加利福尼亚州萨克拉门托市和密苏里州的圣约瑟夫市之间利用快马接力来传递邮件的系统。以下是与“驿马快信”相关的有趣事实：

- “驿马快信”的邮差日夜兼程，风雨无阻。
- 当时，“驿马快信”的驿站有 165 个，骑马的邮差可以在这些驿站更换马匹。
- 曾有 183 名邮差为“驿马快信”效过力。
- 邮差的月薪为 100 美元。
- 最小的邮差年仅 11 岁，最大的邮差 45 岁，大多数邮差年龄在 20 岁左右。
- 每位邮差通常要骑行 120—160 千米，才能把信件交到下一位邮差手中。
- 邮差每次骑行 16—24 千米，就要在驿站换一匹马继续前行。
- 一匹驿马平均每小时奔跑 16 千米。

你知道吗？

1933 年，一名阿拉斯加的雪橇橇夫驾驶着一群狼拉的雪橇，经过长途跋涉，最终到达芝加哥世界博览会。他的主要目的是为了宣传家乡，使阿拉斯加能成为美国的一个州。

什么是马力?

詹姆斯·瓦特是苏格兰著名的发明家，曾对早期的蒸汽机进行改良。马力这个术语就是由他率先使用的。他生活在19世纪，在当时的社会，几乎每个人都很熟悉马车，对马的其他使用方式也很熟悉。瓦特先测定了一匹马可以做的功，然后根据这一功率，计算他的蒸汽机能做的功。一台据说功率为10马力的蒸汽机所做的功相当于10匹马所做的功。时至今日，马力这个术语仍然在使用，尤其是在描述机动车辆时更为常见。

信鸽的力量

鸽子飞得再远，也能找到家，因此非常适合传递信息。人们通常把信息放在鸽子身上挂着的小罐子里，然后再放飞鸽子。消息的接受者会特别留心信鸽是否已经返回巢中。等信鸽回巢之后，他会把小罐子打开，阅读里面的信息。从古埃及时代开始，信鸽就一直被用来传递信息。

导盲犬

导盲犬能够帮助有视力障碍的人顺利地到达他们想去的地方。德国牧羊犬、拉布拉多猎犬和德国金毛猎犬都是最佳导盲犬品种，因为它们性情温和，容易接受训练。导盲犬要学会听懂三种指令："前进"、"左拐"和"右拐"，但它们只有在确保这样做很安全的情况下才会遵守这三种指令。导盲犬通常需要经过好几个月的严格训练才能上岗，担当向导的时间平均在8年左右。

词汇单

拦截：阻止某个东西到达目的地。

英勇十字勋章：法国为了表彰战争中的英勇行为而设立的军事徽章。

在战争时期，一些极其重要的消息都是通过信鸽传递的。第一次世界大战期间，每当遇到不可能发送电报或发电报很危险的情况，信鸽就派上了大用场。

携带机密情报的信鸽被放飞之后，一路穿越敌军的阵线，再飞回到自己的巢中，信息接收方将提取这些机密情报并进行解码。在第二次世界大战期间，战场上使用的是双向无线电装置，但发出去的情报经常遭到敌军**拦截**。因此，成百上千只军鸽就担负了传递作战计划和战场方位的任务。

在所有的军鸽中，最有名的当属一只名为“亲爱的朋友”的鸽子。第一次世界大战中，它传递的情报拯救了许多美国士兵和法国士兵的生命。因此，法国政府授予它一枚**“英勇十字勋章”**。

牦牛

牦牛并非只能用于运输。牦牛奶可以制成奶酪和酥油，酥油也可以做酥油灯。牦牛的毛大约2.5厘米长，多为褐色、黑色和白色，可纺成毛线编织毛衣，也可以制成毛毯和绳子。牦牛皮可以制成一种轻便的牛皮船。牦牛粪可以当作燃料使用。牦牛浑身都是宝！

这是一个重要的荣誉。据说，第一次世界大战中著名的美国指挥官约翰·潘兴将军授予这只信鸽一枚银牌。

此外，有一只名叫“模仿鸟”的军鸽在第一次世界大战中执行过 52 次任务，在执行最后一次任务时不幸被敌人的子弹击伤。在战争期间，军鸽还能充当间谍的作用，帮助军队获得情报。它们身上安装了不少袖珍摄像头，在飞行途中拍摄敌军的位置。

用瓶子传信

或许没有信鸽能帮你传递消息，不过你可以把小纸条放进塑料瓶中，让瓶子帮你传信。一定要征得老师同意后才能做这个活动。

活动准备

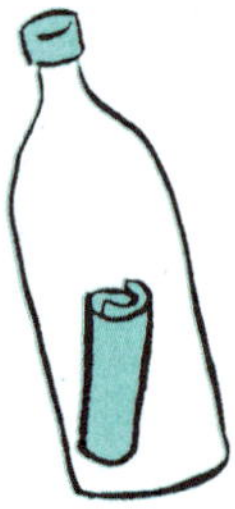

* 一只小而干净的带盖塑料瓶
* 纸和铅笔

1 写一张纸条，上面列出你最喜欢的一门科目以及喜欢的理由。加上一条请求，请发现塑料瓶的学生也写一张纸条放在里面，并记得把瓶子放回原处。纸条写好后在上面签名，然后把纸条放进瓶子里。

2 把这个塑料瓶放在校园里某个别人可能会发现的角落。每天去查看一下，直到发现瓶子里有新的纸条。

你知道吗？

鸽子每小时可以飞行 48—95 千米。

制作一对骆驼挡书板

活动准备

* 报纸
* 两块砖
* 沙土色蛋彩
* 画笔
* 两种不同颜色的正方形毛毡，长和宽分别为 30 厘米
* 铅笔
* 剪刀
* 白乳胶
* 黑色硬纸

1 在工作台面上铺上一层报纸。给砖头表面涂上蛋彩，晾一个晚上。

2 第二天，待两块砖全部干透之后，先把一块砖竖着放在毛毡上，用铅笔描画出砖底的长方形轮廓，之后再描出另一块砖的轮廓。

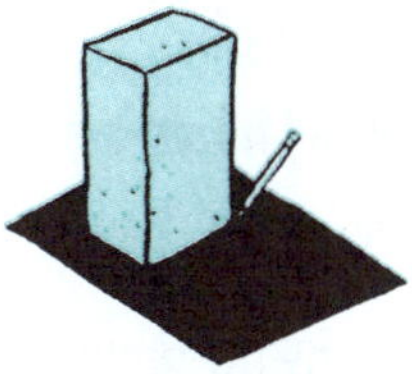

3 把铅笔描出的两块长方形从毛毡上剪下，并依次贴到每块砖的底部。毛毡可以起到保护的作用，挡书板摸上去就不会感觉那么粗糙了。

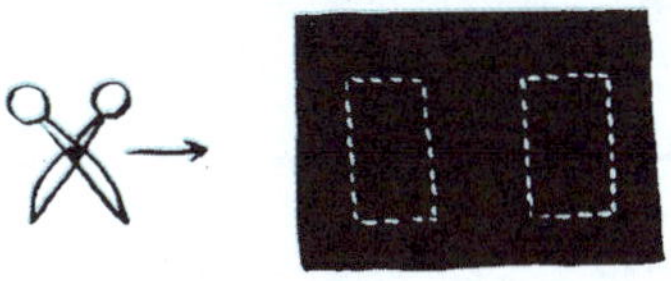

4 使用本书提供的骆驼模板，在另外一种颜色的毛毡上描出两只骆驼的轮廓。

5 把骆驼从毛毡上剪下来，用胶水贴在两块砖的外侧面上。贴的时候，既可以使两只骆驼都朝着同一个方向，也可以使它们面对面。晾干以后，挡书板就可以使用啦！

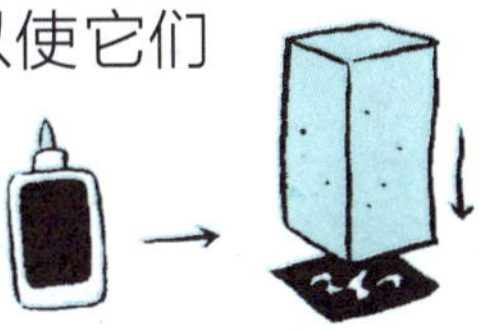

3.滚滚向前：轮子带来的改变

轮子发明之后，交通运输方式开始有了迅速的发展。轮子并非是在某一次重大的发明中横空出世，而是很有可能在漫长的历史长河中，经过许许多多次小的改进之后才最终成形。

轮子出现之前，如果人或动物搬不动需要搬运的东西，他们就会采用拉拽的方式。

在过去，不知从何时起，人们突然意识到，如果把这些东西放到类似于雪橇的装置上，拉起来会更快也更容易。后来，随着时间的推移，人们注意到圆木可以滚动。

你知道吗？

大约在5500年前，居住在美索不达米亚地区（如今的伊拉克）的人最早发明了石轮。800多年后，石轮上增加了辐条。

这一发现最终促成了**雪橇**的发明，当时的雪橇是架在几根圆木上拉动的。雪橇出现后，运送货物变得容易多了。不过速度还不是很快，因为要想让雪橇不断地向前移动，必须把滚到后面的原木再挪到前面来。

雪橇上的货物重重地压在圆木上，久而久之就会在圆木中间形成凹槽。人们发现，有凹槽的圆木似乎滚动得更快一些，于是对雪橇进行了改进，增加了车轴。车轴是架在两个轮子之间的一根细长的杆子，可以帮助轮子转动。有人把车轴和轮子安装在一个很大的木盒子上，于是小车就出现了。在**挽具**和**轭**被发明之前，人们都是用手直接拉车。后来，人们开始使用动物来拉车，这就意味着人和货物移动的速度比以前快了许多。

双轮马车

双轮马车是一种靠车轮运转的早期运输方式。这种马车通常体积比较小，刚好能容纳两个人——乘客和马车夫。马车夫在前面驾驶着四匹马。有时，人们也会使用狗、骆驼和鸵鸟等其他动物来拉车。古罗马人不仅把双轮马车用于交通运输，还把它们当作娱乐工具。古罗马的**马克西默斯竞技场**就经常举办马车竞赛。比赛时，观众会为自己支持的马车队加油，就像今天的观众一样。双轮马车也会在打仗时派上用场。由于它体积小，跑得快，因此可以在战场上快速地运送士兵。

词汇单

雪橇：一种大型橇状装置，通常由动物拉着在雪地或冰上穿行，或放置在圆木上。

挽具：把马或其他动物套在车上的皮带等装置。

轭：套在一对动物上的一种木框，使它们并肩拉着车或者拉着犁。

马克西默斯竞技场：古罗马的一个大型竞技场。

小趣闻

在古希腊和古罗马时期，那种可举行双轮马车比赛的椭圆形场所称作竞技场或跑马场。

定居美国西部

轮子的出现催生了其他交通工具的发明。16 世纪，四轮马车出现了。城市居民可以乘坐两轮马车、四轮马车或者一匹马拉的轻便马车出行。到了冬天，四轮马车就会被能在冰雪之地穿行的雪橇马车所取代。

到了 18 世纪，封闭式的驿站马车（公共马车）运载着乘客、信件和货币在不同的城市之间穿梭。乘客既可以坐在马车里面，也可以坐在马车外面。马车顶上的架子可以放行李。驿站马车能快速地穿越崎岖不平的地区，不过这也有潜在的危险，因为马车常会在路上遭到抢劫。出发地到目的地的沿途会设有许多驿站，乘客们可以在驿站吃饭或休息。

19 世纪，美国的拓荒者们乘坐帆布篷顶的大马车，一路风尘仆仆，穿越许许多多平原、河流和高山之后，终于到达美国西部并定居下来。这种马车又大又结实，一张巨大的帆布覆盖在马车的木框上。在当时，有一种专门运送早期移民的宽轮大篷车，通常由 6 匹马拉着，最早出现在美国宾夕法尼亚州兰开斯特郡境内的康内斯托加山谷。早在 18 世纪，当地人就开始使用这种马车运送人和货物。

有时，这种帆布大篷车又被人们叫做“草原帆船”，因为白色的帆布远远望去，宛如轮船的帆。装满一家人全部家当的大篷车的行驶速度约为每小时 1.5 千米。乘坐这种大篷车并不是特别舒适，因此只有婴幼儿和年老体弱的人才会坐在里面，其他人都随车步行。向着西部行驶的大篷车一辆接一辆，形成长长的大篷车队。

黄包车（人力车）

黄包车是一种交通工具，主要在亚洲使用，大多数是轻便的两轮车，车内可以容纳 1—2 人，由车夫徒手拉行。在过去，只有富人才能坐得起黄包车。而如今，黄包车可以骑行。

你知道吗？

独轮手推车是大约 2000 年前中国人最先发明的。有了手推车，人们在运送重物时省力多了。

自 行 车

自行车是德国人卡尔·德莱斯于 1816 年发明的。他把自己设计的这个装置叫做“会跑的机器”。早期的自行车都是木头做的，有一个控制方向的把手和两个轮子，但是没有脚踏板，没法真正地骑行。人只能坐在上面，靠两条腿蹬地，使轮子向前滚动。

过去

自行车全是用木头做的，两个轮子也是如此。前轮比后轮大，没有脚踏板。

现在

自行车车身用金属制成，轮胎是橡胶轮胎，里面充满空气。许多齿轮和刹车装置使人们可以在山坡上骑行，也可以变速。

1860 年左右，法国的马车制造商皮埃尔·米肖和他的儿子欧内斯特一起改进了自行车的设计，将脚踏板安装在前轮上，并且把前轮设计得比后轮要稍微大一些。自行车的车身用铁制造，而木质车轮的边缘也是

铁的。到了后来，人们又对自行车不断改进，使脚踏板与**链轮**和链条连接在一起，还增加了充满空气的轮胎。

这种自行车前轮大后轮小，是第一代速度和骑行距离都相当可观的自行车，在英国维多利亚时代 (1832—1901 年) 广受大众欢迎。人们开玩笑地说，它的两个轮子就像英国的两种硬币——1 便士和 1/4 便士并排放在一起。由于这种自行车很高，骑的时候特别需要保持平衡，而且没有刹车装置，不容易停下来，因此骑车时有一定的危险。

你知道吗？

1996 年，美国亚特兰大夏季奥运会上首次举办了奥林匹克山地自行车赛。

你知道吗？

在英语中，自行车最早被称为“velocipede”，意思是“飞快的脚”。许多人开玩笑地把自行车叫做“骨头散架车”，因为骑这种自行车穿过铺着鹅卵石的街道时，颠簸得仿佛骨头快要散架了。从过去到现在，自行车有过许许多多的绰号，例如“会跑的机器”、“木马车”、“高轮车”等等。直到1870年，自行车在英语中有了一个正式的名字——“bicycle”，意思是“两轮车”。

供成年人使用的三轮自行车于18世纪中叶出现。当时，骑这种车的人大多数都是专业人士，例如医生和律师。他们觉得骑那种前轮大后轮小的自行车会显得自己有些滑稽，而骑三轮自行车则安全体面得多，因此更偏爱三轮自行车。女士们当时都穿着长达脚踝的长裙，她们也发现，骑三轮自行车要比骑两轮自行车容易得多。

其他类型的自行车

独轮车只有一个轮子。要想骑独轮车，必须要技术高超才行，这也就是为什么独轮车在狂欢节、游行庆典和马戏表演中最为常见。双人或多人自行车可供两个人或多个人同时骑行。大型的多人自行车可以同时坐10—40人。最受人们欢迎的是双人自行车，分并肩式和前后式两种，两个座位并排或一前一后。

山地自行车是一种适合在崎岖的山路上骑行的全地形车，车胎比一般的自行车车胎要宽一些，**胎面花纹**更深。这种自行车装有不同的齿轮传动装置和特殊的车闸，完全能够应对异常的道路环境。

词汇单

链轮：自行车轮胎上与链条相扣的齿轮。

胎面花纹：轮胎表面的凹槽。

环法自行车赛

美国和欧洲各地经常举办自行车比赛。最有名的自行车赛事当属环法自行车赛。这一赛事每年都会在法国和周边某个国家举行，平均赛程为3500千米，完成整个赛程共需要23天。第一届环法自行车赛于1903年7月1日—19日举行。当时，之所以要举办这次比赛，主要是为了给法国名为《机动车报》的一家新报纸做宣传，提高报纸的销量。第一届环法自行车赛共有60人参加。到了今天,参赛人数几乎达到200人。一年一度的环法自行车赛每年会选择在不同的法国城市拉开帷幕，不过终点都设在巴黎。

骑车环游世界

托马斯·史蒂文斯是骑自行车环游世界的第一人。1884年4月22日，他从美国西部的旧金山出发，随身只带了一件可换洗的衬衫，一双袜子和一件雨衣。雨衣既可以当临时帐篷，又可以当睡袋。他骑的是一辆前轮大后轮小的老式自行车，上面涂了黑磁漆，车轮表面镀镍。他一路骑行约6000千米，于1884年8月4日抵达美国东部的波士顿。第二年4月，他乘坐蒸汽船到达英国的利物浦后，又骑着自行车环游了21个国家。1887年1月，他平安地回到旧金山。史蒂文斯记了一本探险日记，其中包括他所骑行的里程。据他自己估算，他在环游世界的整个旅途中，一共骑了约21700千米。

轮滑鞋与滑板

18世纪初，荷兰人设计发明了第一双轮滑鞋。有个荷兰人把木头卷轴钉到木条上，然后再把木条钉到鞋上，于是，最早的轮滑鞋就诞生了。这种鞋可以在旱地上滑行,因而又叫旱冰鞋。1819年，全世界首项轮滑鞋设计**专利**问世。当时获得这项专利的轮滑鞋采用了木头鞋底，鞋底上安着2—4个铜滚轴或木头滚轴。

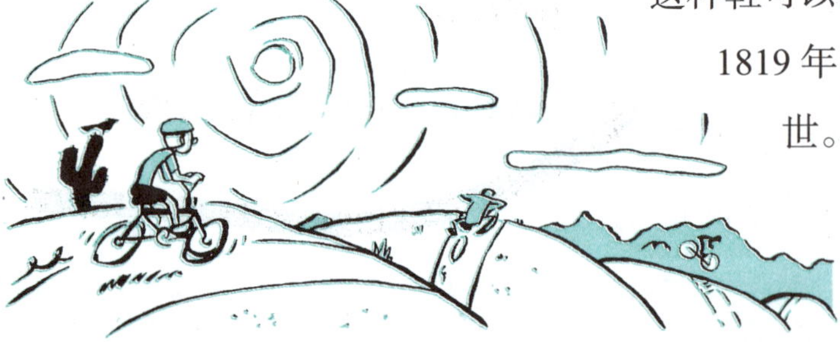

小趣闻

美国职业自行车运动员兰斯·阿姆斯特朗7次获得环法自行车赛冠军。

1863年，一个名叫詹姆士·普林顿的美国人设计了一款新式轮滑鞋，鞋底上安装了两排平行的小轮子和橡胶弹簧。普林顿的发明就是我们现今所熟悉的轮滑鞋的雏形。穿上这种鞋以后，人们可以随心所欲地转弯或者后退。当时，还有其他类型的轮滑鞋，例如，有的轮滑鞋鞋底下的四只小轮子呈一条直线排列，这就是单排轮滑鞋的前身。

滑板这项发明是在1950年代出现的，当时，冲浪爱好者也想在陆地上尝试这项运动。于是，有人在木板下安装了几个用黏土做的小轮子，然后就站在上面滑了起来。如今，经过不断改进之后，现代的滑板都装有可以旋转的滑板板面和塑料轮子。

在纽约这样拥挤的大都市里，轮滑鞋和滑板不仅是运动器材，而且常被当做交通工具使用。许多运送文件或外卖或传递信息的人经常穿着轮滑鞋或滑着滑板，在住宅区、市中心以及整个城市的大街小巷穿梭。他们必须有高超的技术，才能躲避来来往往的车辆和行人。一旦遇到堵车，轮滑和滑板反而能使人更快地前进。

词汇单

专利： 授予某位发明创造者的证书，保护其发明不被其他人抄袭。

红色小马车

多年来，数百万美国儿童都玩过一款名为“无线飞车”的红色小推车玩具。这一品牌的创立者是意大利移民、家具制造商安东尼奥·帕辛。为了制造金属小推车，他开始采用当时在汽车制造工业中广为使用的流水线。他设计的 #18 型号成为这一品牌旗下最受欢迎的四轮推车。1933 年左右，为了纪念当时让美国人都倍感兴趣的两项较新发明——无线电和飞机，他给这一型号的推车取名为“无线飞车”。

自制水上指南针

指南针在交通运输中发挥着重要作用，因为它能帮你找到正确的路。你只要知道哪里是南方，就能迅速地找到其他方向。这种水上指南针做好以后，指针永远指向南。

活动准备

* 磁铁（也可以用冰箱贴）
* 缝衣针
* 浅口圆盘（比如那种烘烤派的玻璃盘——千万不要用金属盘）
* 水
* 瓶盖

1 把一根缝衣针在磁铁上来来回回地摩擦几分钟，使针也产生磁性。

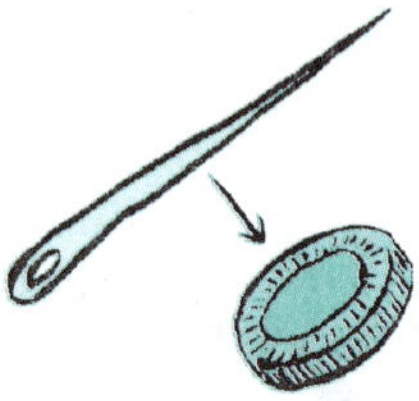

2 往盘子里倒满水，把瓶盖放在水的中心位置，然后把缝衣针轻轻地平放在瓶盖上。

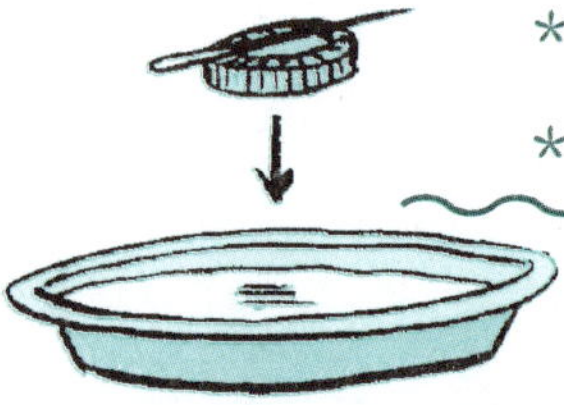

3 把盘子放置在窗台上或其他平面上。仔细观察，针会缓缓地移动，指向南方。

装饰你的自行车

活动准备

* 三卷颜色不同的彩色皱纹纸
* 彩色胶带
* 剪刀
* 一些季节性装饰品
* 花环

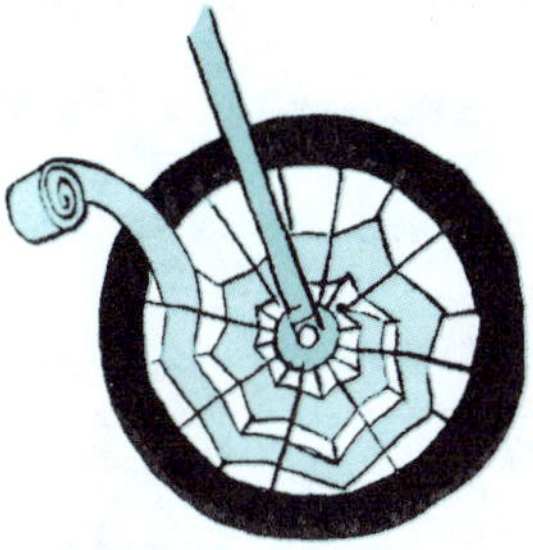

1 用彩色皱纹纸装饰自行车车轮的辐条。先拿出一卷皱纹纸，把纸的一端系在自行车前轮中央的辐条上，然后按照图示把皱纹纸一圈圈地缠绕在辐条上，直到覆盖整个车轮。你得绕好多圈才行。最后把皱纹纸剪断，用胶带把纸的末端贴到辐条上。用同样的步骤来装饰后轮。

2 装饰自行车的把手，把皱纹纸缠绕在车把上。也可以把皱纹纸剪成一条条的彩带，贴在车把上。

3 要想庆祝国庆节，可以把国旗贴纸贴在自行车的把手上。如果想要庆祝冬季的某个节日，那就在自行车上悬挂一些与节日相配的装饰品吧，比如圣诞节的小饰品。到了春天，可以在自行车的把手上绕上花环。如果想给自行车增添几丝秋意，就在车筐里放满松果吧。

4 把短的彩带贴在车座上，最好一端贴在座位底下，这样胶带就不会露出来。

4、海上运输方式：船舶时代

地球大部分地区都被河流、湖泊和海洋所覆盖，水的面积比陆地大得多。河流宛如一条巨大的高速公路，穿行于整个森林之中。想想看，如果能顺着河水漂流而下，那肯定要比沿着河岸走同样的距离轻松得多。

有了船，人们就可以轻松快速地从一个地方到另外一个地方。古人发现，水运是一种很好的运输方式。

早期的船

早在6000多年前，古埃及人就乘着自制的木筏沿着**尼罗河**漂流而下。他们将木头或芦苇杆捆在一起做成木筏，最初用竹竿控制木筏前进的方向，后来用桨来控制方向。

他们把动物的毛皮横铺在木筏上，这样旅途就会舒服一些，而且衣服也不会弄湿。

独木舟是在木筏基础上改进的水上运输工具。独木舟中间是挖空的，因此大大减少了人掉进水里的风险，而且衣服更不容易被水打湿。早期的美洲印第安人使用经过火烧的大树干来制造独木舟，待火熄灭之后，再把烧焦的木头芯挖出来，这样独木舟就基本成形了。

你知道吗？

世界上最古老的独木舟在**荷兰**被**考古学家**发现。据估算，这艘独木舟是在公元前 8200 年—公元前 7600 年之间制造的。

后期出现的独木舟上有了用树枝搭成的木架，上面铺了一层用树根缝在一起的树皮和动物毛皮，涂上厚厚的**树脂**后，就可以起到防水的作用。与早期那种从树干上直接挖空的独木舟相比，木料做成的独木舟要轻便得多，在水上行驶时也更容易控制方向。再到后来，又出现了一种覆盖着**帆布**的**杉木**独木舟。而到了今天，独木舟可以由很多不同的材料制成，包括分量很轻的铝、纤维玻璃、塑料或防火纤维。

词汇单

尼罗河：世界上最长的河流之一，位于非洲。

树脂：树上分泌的一种黏稠状物质。

帆布：很结实的布料，通常用棉花制成。

杉木：一种木料。

荷兰：欧洲西北部的一个国家。

考古学家：专门研究古人及古代文化的科学家。

公元前3000年以前，古埃及人用桨划船。船桨很长，下端为平板状，可以伸到水下，而上端则固定在船的一侧。正是由于这样的构造,桨手使劲地用桨划水时，船就可以更加快速地前行。

单靠人力划动的船很难到达远的地方。在船的**演变**过程中，下一个阶段就是利用风力。风胀满**船帆**后,就会推动船前进。起初，制造船帆的材料是**莎草纸**，后来逐渐变成了帆布。

你知道吗？

“三层划桨战船”是古希腊人制造的一种战船。船两侧各有三排桨。每名桨手各负责一支桨。这种船也有一张船帆。

维京长船

维京人从8世纪到11世纪一直侵扰欧洲大陆沿海和英国岛屿。公元900年左右，维京人利用**长船**进行海上航行，到很远的地方探险，从事贸易活动。考古学家认为，维京人从挪威起航后，很可能一直航行到加拿大。

维京长船采用了**对称**的设计。船头和船尾完全相同，因此船不用掉头，就可以反方向行驶。长船两侧有两排木桨，数量在10—16支之间。长船灵活轻便，速度很快，即使在只有1米深的水域也能行驶，甚至能上岸，停靠在沙滩上。后来，维京人又给长船安装了船帆。尤其在长途航行中，在风的作用下，船帆有助于桨手划得更快。

词汇单

演变： 历经多年渐渐发生的变化。

船帆： 一块固定在船桅上，利用风力使船前进的帆布。

莎草纸： 用尼罗河边生长的植物纸莎草加工而成，像纸一样。

维京人： 古代生活在斯堪的纳维亚的一群人，泛指北欧海盗。

商人： 买卖商品获取利润的人。

长船： 古代维京人使用的轻便快速的船，船身狭长。

对称： 两边或前后形状都一样。

轻帆船： 配备两根或三根桅杆的帆船。

航海探险时代

古代的人对自己小天地以外的世界充满了好奇。在长达几个世纪的时间里，人们不断改进船的设计，使船能在海上连续航行数月之久。一旦桅杆增高，船帆增多，并且船身变窄之后，船行驶的速度就会提升。许多勇敢的探险家，比如哥伦布和麦哲伦，充分利用这些改进后的船只进行航海探险，寻找新大陆。

葡萄牙航海家斐迪南·麦哲伦是第一个环球航行的欧洲人。他率领一支由约 250 名船员组成的探险船队，于 1519 年 9 月从西班牙的塞维利亚港扬帆起航。麦哲伦出发时，其实并没有打算进行环球航行，他只是想寻找一条从西班牙到印度尼西亚的马鲁古群岛（也称香料群岛）更短的航线。

麦哲伦和他的船员们驾驶着 5 艘**轻帆船**一路向西航行，之后绕着南美洲向南航行。最后，只有“维多利亚号”载着部分船员成功返回西班牙，而“圣地亚哥号”遭遇风暴沉没，“康塞普西翁号”被弃绝，“圣安东尼奥号”的船长中途叛变离开了船队，自行返回西班牙。

克里斯托弗·哥伦布

1492 年，克里斯托弗·哥伦布率领西班牙船队横渡大西洋，最终发现了美洲新大陆。他的航海船队使用了两种不同类型的船只。“圣玛利亚号”是一艘货船，上面有三根或四根桅杆，船尾很高，便于长途航行时运载货物。而“尼尼亚号”和“平塔号”都是小吨位的轻帆船，船体很宽，船帆有正方形和三角形两种。轻帆船的大小各不相同，长度在 14—30 米之间。

“特立尼达号”试图返回西班牙，不料中途却被葡萄牙人俘获，随后在风暴中沉没。麦哲伦本人则在菲律宾群岛的一次战斗中被土著人杀死。

“维多利亚号”最终于 1522 年 9 月 6 日返回西班牙，完成了历史上首次环球航行。原来的船员中，只有 18 人存活。

19 世纪中叶，快速帆船（又叫“飞剪式帆船”）在海上运输中独占鳌头。这种船有 30 多张帆，帆扬起之后，能兜满风，产生巨大的速度。这些载货帆船所受的巨大风力大大缩短了来往于欧洲、亚洲和北美洲等地的航行时间。因行驶速度极快，快速帆船成为当时世界各地普遍使用的货运方式。不过，帆船时代即将落幕，一种更强大的新型船只很快就要登上历史舞台。

你知道吗？

1970 年，挪威科学家托尔·海尔达尔驾驶着一艘莎草纸船，从非洲北部出发，横跨大西洋，最终到达加勒比海的巴巴多斯岛，航程共计 4500 千米。他此次远航的目的是为了证明，驾驶莎草纸船的古代人也有可能航行到很远的地方。

蒸 汽 船

从18世纪初开始，欧洲的科学家和发明家们开始研发一种能用蒸汽作动力的发动机。我们知道，水烧开之后，就会产生水蒸气。最早的蒸汽动力船有巨大的桨轮。蒸汽轮里的水加热沸腾后，产生大量蒸汽。蒸汽在气缸中推动**活塞**做功，活塞又会推动桨轮运转。桨轮的叶片转动时不断地拍打水面，推动轮船前进。

你知道吗？

15世纪以前，中国帆船是当时全世界最大的船，也是最早使用防水舱的船。一艘帆船的长度约为122米，高度约为46米，比三个标准足球场并排排列在一起的面积还要大得多！

蒸汽发动机通过燃烧煤或木炭，可以产生大量蒸汽。早期的蒸汽船，必须有足够的空间装载整个航程所需的燃料，或者在中途停靠在一个可补充燃料的地方。

词汇单

活塞：一种小的实心圆柱形零件，可以塞入一个空心的大圆柱体中。

1807年，美国机械工程师罗伯特·富尔顿设计了“克莱蒙特号”轮船，这是世界上第一艘载客的蒸汽船。“克莱蒙特号”从纽约出发，以每小时5—8千米的速度，沿着哈德孙河缓缓地逆流而上，最后到达奥尔巴尼港。这段241千米的旅程共历时32个小时。

安装桨轮的蒸汽船或许更适合在河流上行驶，而用作航海旅行就太慢了。

19 世纪中叶，螺旋桨出现，成为海洋船只的推进工具。这些带有叶片的金属长条装置在水蒸气的作用下，能够在水下快速旋转。叶片一边旋转，一边向后击水，在水的反作用力的作用下，船就会前进。大约在蒸汽螺旋桨问世的同一时期，人们逐渐开始采用铁来制造轮船，不再使用木头。

蒸汽船的历史之最

“萨凡纳号”是第一艘穿越大西洋的美国蒸汽船。1819 年 5 月 22 日，这艘船从美国佐治亚州的萨凡纳市扬帆启航，于 1819 年 6 月 20 日抵达英国的利物浦市，全程历经 648 个小时。不过，在这 648 个小时中，使用蒸汽机运作的时间只有 88 个小时，其余时间则主要依靠风对帆的推动力。当时的美国总统詹姆斯·门罗就坐在这艘船上，成为第一位乘坐蒸汽船旅行的美国总统。

1827 年，荷兰的“库拉索号”成为全世界第一艘全程仅依靠蒸汽发动机穿越大西洋的轮船。它从荷兰出发，历时 4 个星期，最终到达加勒比海的库拉索岛。

1845 年，“大不列颠号”成为世界上第一艘穿越大西洋的螺旋桨式蒸汽轮船。蒸汽机和螺旋桨的有效组合大大缩短了从美国到伦敦的时间，海上航行从原来的 8 个星期缩短到 15 天！

远洋客轮

到了20世纪，每年都会有几十万乘客乘坐豪华邮轮穿越大西洋。这些豪华邮轮仿佛一个个微缩城市，里面的设施一应俱全。有钱人可以尽情享受船内舒适的包间，而穷人只能挤在船身最下层狭窄的统舱里。

在全世界最有名的豪华邮轮中，“泰坦尼克号”众所周知。建造这艘邮轮的初衷，是为了在英国南安普顿市和美国纽约市之间提供客运和邮政货运服务。“泰坦尼克号”曾是世界上最大、最奢华舒适的邮轮，也被认为是最为安全的轮船。1912年4月10日，“泰坦尼克号”从英国南安普顿启程，开始了首航之旅。然而，令人万万没有想到的是，4月14日夜晚，它在行驶到纽芬兰附近的海域时，突然撞上了冰山，几个小时后便沉入海底。由于没有足够的救生艇，最终只有711人成功获救，其余1517人不幸葬身海底。这场灾难发生后，人们吸取教训，出台了一系列海上安全法规。

你知道吗？

1840年，英国冠达邮轮公司首次推出了“大不列颠号”蒸汽轮船，成为第一家开通跨大西洋定期载客航线的公司。160多年后，这家公司仍然在为世界各地的乘客提供客运服务。

你知道吗？

每艘轮船都有自己的名字。在英语中，人们习惯用女性化的人称代词“she”（她）来称呼轮船。

潜水艇和潜水器

世界上第一艘**潜水艇**是在1620年由荷兰发明家科尔内留斯·德雷贝尔专为英国国王詹姆士一世制造的。这艘潜水艇可潜入泰晤士河水下4.5米处。从皮质密封垫中伸出的桨为潜水艇提供动力。桨手可以借助水面上安置的空气管呼吸。据说，国王詹姆士一世为了证明潜水艇的安全性，还曾亲自乘坐德雷贝尔后来设计的一个样式的潜水艇。

到了今天，潜水艇主要依靠内壳和外壳之间装满水的特殊舱室，实现下潜上浮。这些舱室又叫压载水舱。潜水艇将要浮出水面时，要把压载水舱内的水排出，使潜水艇的重量减轻，自动浮出水面。潜水艇的首尾各设有一对水平升降舵，称为潜水翼，它们可以倾斜，帮助潜水艇浮上来或沉下去。现代的潜水艇主要依靠**核能**运行。

词汇单

潜水艇：在水下运行的舰艇。

核能：原子裂变或聚变时释放的能量。

潜水艇里不需要装燃料，不会出现燃料耗尽的问题，因而能节省大量空间，还能在水下待很久。潜水艇还可以潜入很深的海底，最深可到达水下约10975米。

潜水器是既可以在水面上运行，又能在水下作业的潜水装置，经常被海军及海洋学家所使用。潜水器上有照明设备和各种工具。1985 年，科学家利用“阿尔戈号”潜水机器人，在 3810 米深的海底找到了“泰坦尼克号”沉船的残骸。

高速赛艇和气垫船

高速赛艇是一种在水面上高速滑行的摩托艇，船体大部分都露在水面上。1978 年，澳大利亚人肯·沃比驾驶的“澳大利亚精神号”高速赛艇创造了时速 511 千米的水上行驶世界纪录，这为他赢得了“水上最快飞人”的美称。如今，“澳大利亚精神号”赛艇已成为澳大利亚国家海事博物馆的永久藏品。

1959 年，英国工程师克利斯托弗·科克雷尔设计了世界上第一艘载人气垫船。气垫船利用鼓风机将空气向下压缩，船底的橡胶护板将空气围住，形成气垫，从而使气垫船既能在水上高速行驶，又能在水面上腾空“翱翔”。

认识船的部件

船头：船的前部

船舱：船上封闭的区域

甲板：位于内底板以上的平面结构

船体：被外层所覆盖的内部构架

龙骨：船的“脊柱”，沿着船底中部建造，起支撑和承重作用

桅杆：支撑帆的柱杆

左舷：船前进方向的左侧

桅索：桅杆上的绳索

方向舵：控制方向的装置

右舷：船前进方向的右侧

船尾：船的后端

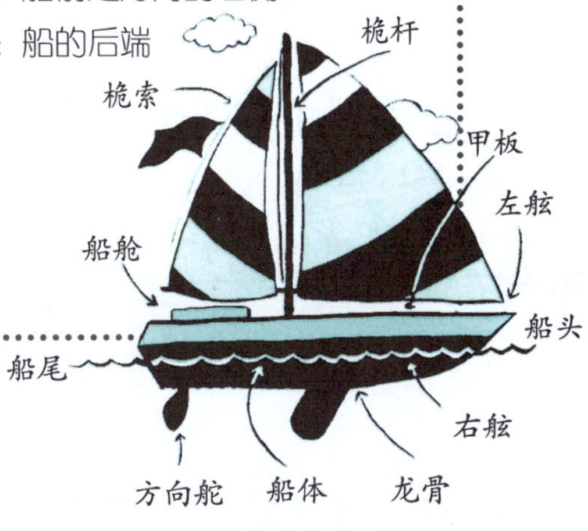

各种各样的船

驳船：一种用来水上运输货物的平底船。

小帆船：船帆为三角形帆的小船，帆可以从任何一个方向受风，在风力的作用下推动船前进。

双体艇：有两个船体组成的轻便船只，因船和水之间的摩擦减小，开起来非常快，主要用于娱乐和比赛。

集装箱船：装载着大型集装箱的轮船。集装箱容易装卸。有些是冷藏集装箱。

轮渡：载着人和车辆渡过河流、湖泊甚至海洋中某些水域的轮船。

救生艇：失事船只上帮助乘客逃生的小船，或专门营救水上遇难者的小船。

水上巴士：往返于不同港口之间的客轮。

灭火轮：船只或沿岸着火时能及时进行灭火救援的轮船，可以直接从河水或海水中取水灭火。

超级油轮

油轮是一种特殊的轮船，专门用来运输石油、化学制品和液化天然气等液体。运送石油的超级油轮是世界上最大的轮船，它的长度可达500米，自重达50多万吨，可以装载几百万桶石油。

“诺克·耐维斯号”油轮是世界上最大的船舶，有“海上巨人”之称。它的长度为458米，宽度为68米。这艘油轮实在太大了，载满货物时，无法通过51千米宽的英吉利海峡。在货物的重压下，船体在水浅的航道里不能浮起来。

哪些物体浮上来？哪些物体沉下去？

包括小船在内的任何物体，如果其自身重量小于它所排开水的重量，它就会浮在水面上。相反，如果自身重量大于所排开的水的重量，就会下沉。那么到底哪些物体会浮上来，哪些物体会沉下去呢？来做一个有趣的实验吧。每一位优秀的科学家都会认真记录观察结果。拿出一张纸来，把它划分为三栏，依次写上“物体”、“淡水”和“盐水”。

物体	淡水	盐水

1 把准备好的物体依次放入盛满水的碗中，每次只放一个。观察它是沉下去还是浮在水面上？把你的观察结果记录在“淡水”一栏中。

2 把物体全部从水里拿出，擦干。在碗里放入尽可能多的盐，搅拌均匀，使盐溶解。再依次把物体放入盐水中。在“盐水”一栏记录观察结果。

3 有些之前下沉的物体在盐水中应该会浮上来，或者至少漂浮的时间会长一些。这是因为，往水里加盐会使水的密度升高。也就是说，在体积不变的情况下，排开水的重量增加了。只有在自身重量大于排开的水的重量时，物体才会沉到水里。有些物体（比如1分硬币和回形针）无论是在淡水还是盐水中都会沉下去，这是因为，它们的密度大于淡水或盐水的密度。树叶的密度小于水的密度，所以在这两种情况下都会漂浮在水面上。鸡蛋放入淡水中会沉到碗底，而放入盐水中却会浮起来。显然，鸡蛋的密度大于淡水的密度，而小于盐水的密度。

在实验中，哪些物体的重量大于排开水的重量？哪些物体的重量小于排开水的重量？

解密摩尔斯电码

遇险信号是指船只或飞机发出的求救信号。国际摩尔斯电码遇险信号是一种使用时间间隔不同的声音发送SOS求救信号的系统，它可以利用声音或光的方式远距离发送。你可以使用点（.）和划（-）等代码编写摩尔斯电码，也可以通过开关手电筒并控制发光时间长短的方式发出求救信号。跟好朋友一起来做这个实验吧。

活动准备

* 纸和铅笔
* 光线较暗的房间（既可以看到手电筒发出的光，但又不是完全漆黑，有可供阅读的光线）
* 两只手电筒
* 两本摩尔斯电码图册

利用手电筒的开关创造一个摩尔斯电码信息，并发送给朋友。光亮时间短，表示点（.），光亮时间长，表示划（_）。让你的朋友利用另一只手电筒来回应你的信息。

你给朋友发送了什么信息？你后来接收到了什么信息？

字母

•-	-•••	-•-•	-••	•	••-•
a	b	c	d	e	f
--•	••••	••	•---	-•-	
g	h	i	j	k	
•-••	--	-•	---	•--•	--•-
l	m	n	o	p	q
•-•	•••	-	••-	•••-	
r	s	t	u	v	
•--	-••-	-•--	--••	•-•-	•--•-
w	x	y	z	ä	á
----	••-••	--•--	---•	•• -	
ch	é	ñ	ö	ü	

标点符号

•-•-•-	--••--	••--••	
句号	逗号	问号	
•----•	-•-•--	-••-•	
撇号	感叹号	斜线	
••••-	-••-•	-•--•-	•-••-•
连字符	分数线	括号	引号

数字

•----	••---	•••--	••••-	•••••
1	2	3	4	5
-••••	--•••	---••	----•	-----
6	7	8	9	0

你能解密下面这段信息吗？注意符号之间的空格。

-•-- --- ••- | •- •-• • | •-•• • •- -•• •• -• --• | -- --- •-• ••• • | -•-• --- -•• •

5. 铁轨的发明：火车时代

新科技为水上运输带来巨大变革的同时，也大大地改善了陆地的运输方式。到了 19 世纪，美国各个行业都在突飞猛进地发展，许多人迫切地想从东部迁移到西部，寻找新的机会。大篷马车实在太慢了，于是人们开始乘坐一种更为快速的“铁马”，到达他们想要去的目的地。

18 世纪到 19 世纪，欧洲和北美相继发生了**工业革命**，制造业取得了空前的大发展。制造出来的产品越多，就越需要用又快又好的方式把产品运往各地。火车的出现满足了这种需求。

早期的火车

词汇单

工业革命：18世纪后半叶发源于英国，机器逐渐取代人力，成为制造业的主要生产方式。

移民：移居到另一个国家或地区居住的人。

世界上最早的轨道车是在土路的木头轨道上奔跑的马车，这种在土路上行驶的马车大约于1550年在德国出现。土路坑坑洼洼，尘土飞扬。木头轨道出现后，人们可以更快更轻松地运输货物。后来，又出现了用铁制成的轨道和车轮。金属材质使旅途的舒适度有所提高，不再像原先那么颠簸了。1789年左右，车轮上有了凸缘的设计，轮子与轨道扣合得更加紧密。

差不多就在蒸汽技术极大改善海运方式的同一时期，科学家们也一直在思索，是否能利用蒸汽驱动火车。1804年，英国机械工程师理查德·特里维西克发明了“潘尼达伦号”蒸汽机车，这是世界上第一辆可以实际运作的蒸汽火车头。活塞在蒸汽的驱动下做功，推动蒸汽机的车轮运转进而拖动列车。许多人认为，“潘尼达伦号”的安全系数很高，远远超过其他类型的蒸汽发动机，这是由于高温产生的废蒸汽可以通过火车头的烟囱直接排放到空气中，不会对人造成伤害。

你知道吗？

普尔曼卧铺车厢是美国人乔治·普尔曼于1864年发明的。当时，这是一节独立的车厢，由许多小隔间组成，里面摆放了舒适的床，夜间旅行的乘客可以躺在上面睡个好觉。

大约 25 年后，英国的斯托克顿与达灵顿铁路成为世界上第一条定时运送旅客及货物的铁路。铁路公司使用的是名为“火箭号”的蒸汽机车，由英国工程师乔治·斯蒂芬森和罗伯特·斯蒂芬森父子共同设计。大约在同一时期，美国发明家约翰·史蒂文斯上校在其位于新泽西州霍博肯的地产上，修建了一个环形轨道，制造了美国第一辆蒸汽机车。

你知道吗？

火车的发动机，又叫机车或火车头，既可以推动火车在铁轨上运行，又可以对火车起牵引作用。

美国横贯大陆铁路

1862 年，美国总统亚伯拉罕·林肯总统签署了《太平洋铁路法案》。这一法案同意修建一条横贯大陆的铁路，用铁轨将美国东海岸和西海岸的城市连接起来。为此，两家铁路公司上演了激烈的竞争。

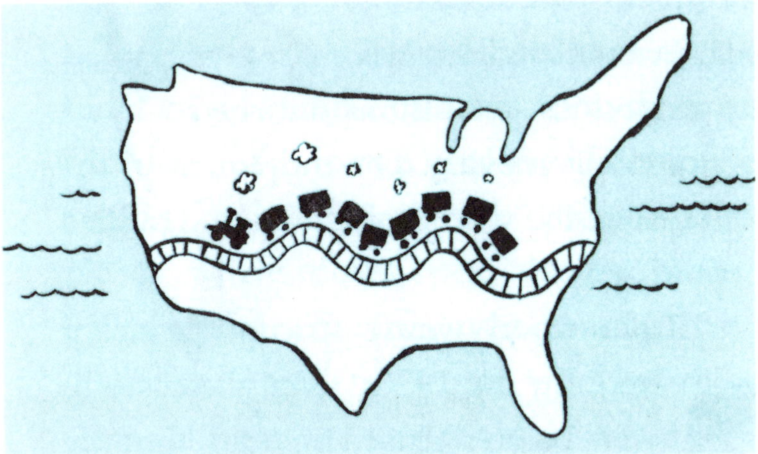

1 年后，中央太平洋铁路公司开始铺设从加利福尼亚州到犹他州的铁轨，路线从东海岸一直延伸到芝加哥市和圣路易斯市。1865 年，联合太平洋铁路公司开始铺设从犹他州到加利福尼亚州的铁轨。这段铁路全长 2826 千米，共有 2 万名劳工参与建造，其中大多数是中国**移民**。修建铁路的过程中危险重重，因为内华达山脉地势险峻，都是坚硬的花岗岩质地，经常要使用炸药开辟道路。这两条铁路最终在犹他州的突顶山接轨。

1869年5月10日，连接两条铁路的最后一枚道钉被钉入枕木，标志着横贯大陆铁路正式竣工。当天还举行了隆重的纪念仪式。正是从那天起，火车正式运行。

横贯大陆铁路建成后，人们去美国的西海岸比以往更加便捷，越来越多的人来到西部定居。因此，横贯大陆铁路在美国的西部大开发中扮演着重要的角色。火车不仅在美国，而且在全世界许多地方都成为主要的客运和货运方式。

火车技术的不断革新

1890年代，法国工程师鲁道夫·狄塞耳发明了柴油机。这种**内燃机**可以把煤转化成能量。他最初设计的柴油机模型中，热空气经过压缩之后，引起煤屑燃烧，而后引发一系列微小的爆炸。这些爆炸促使连接在机轴的活塞开始运动。活塞的运动又会带动火车车轮运转，推动火车前进。

词汇单

内燃机：一种燃料可在汽缸内燃烧的发动机。

柴油机车并没有使用很长时间。到1930年代，一些柴油机车开始逐渐被电力火车取代。人们现今使用的火车上都装着一个发电机，由柴油发动机和电力共同提供动力。发电机运转时，将柴油的能量转化为电能。

法国高速列车

法国高速列车是全世界最快的列车。2007 年 4 月 3 日曾创下时速 575 千米的世界纪录。高速列车依靠电力运行，将法国、比利时、瑞士和德国等国连接在一起。正常情况下，法国高速列车的行驶速度为每小时 320 千米。

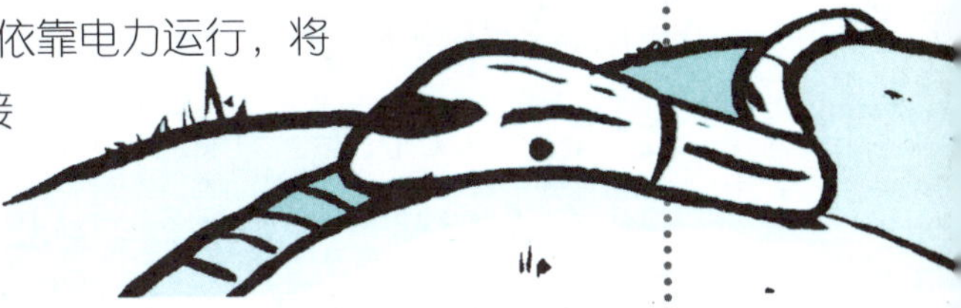

历史上的一幕

在美国，1810—1850 年期间，大约有 10 万黑奴为了获得自由，通过“地下铁路”从南方逃到北方。“地下铁路”这一名称源自铁路这种刚刚出现的新型交通方式。尽管火车和轮船有时也用来运送逃跑的奴隶，但是“地下铁路”主要是指人和人形成的秘密网络。“地下铁路”引导逃亡的黑奴到达安全的藏身之地，并提供食宿，直到把他们运送到下一个安全的落脚点。

当时，与铁路运输相关的许多术语，也常被“地下铁路”运动的参与者们用作暗号。奴隶们藏身的地方叫做“车站”。站与站之间通常间隔 16—32 千米。负责藏匿奴隶、运行车站的人叫做“站长”。为奴隶捐钱购买食物、衣服和其他生活必需品的人叫做“股东”。负责把逃跑的奴隶从一个车站运送到另一个车站的人叫做“售票员”。

你知道吗？

早期的蒸汽火车车头前，安装着一个像犁一样的装置，称为“捕牛器”。这一装置可以把跑到铁轨上的牛和其他动物慢慢推离轨道，为火车让路。

著名的火车路线

每个国家都有自己的火车线路，有些线路比其他线路更热门。自从英国悬疑小说作家阿加莎·克里斯蒂1934年出版小说《东方快车谋杀案》之后，“东方快车”开始引起越来越多的关注。第一辆名为“东方快车”的火车于1883年开始运行，从巴黎出发，途经法国、罗马尼亚、德国和奥地利等国家。后来，这条火车线路又延伸至土耳其。“东方快车”为乘客提供非常奢华的服务，将火车、轮船及马车等旅行方式的优势融于一体。

火车技术以及其他运输方式

有轨电车运行在城市街道预先铺设好的轨道上。电车的动力来源是电，通过“**受电弓**”从架空的输电线上取电。

单轨铁路是铁路的一种，封闭的火车车厢运行在一条铁轨上，而非传统的两条铁轨上。列车悬挂在轨道之下，或跨坐在轨道之上。单轨铁路依靠电力运行，采用双向并行方式，也就是说，一辆列车向某个方向行驶时，会经过反方向运行的列车。

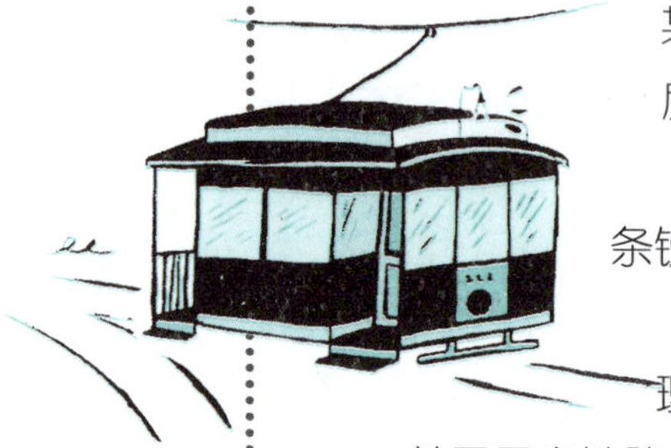

地铁就是地下铁路网络。地铁依靠电力运行。位于两条铁轨中央或两侧的第三条轨道可以为地铁提供电能。

铲雪列车的车头位置安装着旋转式吹雪机，帮助清理积雪覆盖的轨道，便于其他列车通行。

美国国家铁路客运公司（简称“美铁”）运营的火车里有足够的空间容纳乘客的汽车，乘客可以将汽车随车托运。

轻轨是在大城市使用的电车，与常规通勤列车相比，虽然运载的乘客人数相对较少，速度却快很多。

通勤列车每天接送上班族往返于城市和郊区之间。

装有冷藏车厢的火车可以运输必须冷藏的生鲜食品。

另一条著名的火车路线为西伯利亚大铁路。它是目前世界上最长的铁路，将俄罗斯与蒙古、中国以及日本海连接在一起。这条大铁路始建于1891年，全线穿越7个时区，全长9288千米。

词汇单

受电弓： 为了便于从架空的输电线上取电而安装在电车和机车车顶上的设备，从侧面看好像是张开的弓，因而得名。

猜猜我是哪种货运列车？

1. 我是货车中的通用车型。人们一想起火车，就会想起我。我的车厢是封闭的，可以运载怕日晒雨淋的货物。

2. 我的本事可大了，各种货物都能运载。我没有车顶。

3. 我是最早的一种货运列车，车底下部安有漏斗，适合运煤炭和矿石等散粒货物。

4. 我没有车顶和车厢挡板，适合运载大型货物，不过由于没有车顶，下雨时货物就会淋湿。我的名字与外形有关。

5. 我的任务就是把许多汽车从生产地运送到销售地。我有许多层，可以一次运载几百辆汽车。

6. 我一次可以运载24600—120000升汽油。汽油从车顶灌入，从底部输出。我的名字与一种同样运载液体的巨型轮船比较相似。

答案：

1. 棚车 2. 敞车 3. 漏斗车 4. 平车 5. 车辆运输列车 6. 油罐车

6、车轮转转转，汽车时代

在当今这个时代，人们最常使用的交通运输工具就是汽车。仅在美国，每年就有2.5亿辆汽车行驶在路上。

最早的汽车可以追溯到18世纪。1769年，法国陆军工程师尼古拉斯—约瑟夫·古诺经过苦心研究，发明了第一辆由蒸汽驱动的汽车。这辆车每小时能行驶5千米，最初是为了牵引大炮而专门设计的。虽然蒸汽机动力十足，但是它自身过于笨重，很难控制车辆前进的方向。古诺第二次试车时，车辆因转弯不及时一下子撞到了兵营的墙上，彻底毁坏。这可能是世界上第一起汽车交通事故。

到了19世纪末，两种新型发动机相继问世。1883年，德国工程师戈特利布·戴姆勒制造了汽油发动机。1898年，法国工程师鲁道夫·狄塞尔发明了柴油发动机。这两种发动机都是内燃机，也就是说，燃料在机器内部燃烧。两年后，德国机械工程师卡尔·本茨设计并制造了世界上第一辆以汽油为动力的四轮汽车。他也是世界上第一位拥有驾驶执照的人。他最初开这辆车上路时，汽车散发着臭气，还伴有极大的噪声，邻居们对此抱怨不已。为此，本茨特意到当地政府申请，最终获得了在公共场合驾车的书面许可。本茨先生日后被人们称为“汽车鼻祖”，他是德国奔驰汽车公司的创始人。

你知道吗？

威廉·麦金莱是首位乘坐汽车的美国总统，他于1899年首次乘坐过一辆名为“斯坦利蒸汽号”的汽车。

虽然这种“不用马拉的车辆”使生活变得更加便捷，但是大多数人还是买不起。当时，汽车都是手工制造，费用高昂，普通人根本承受不起。1908年，美国汽车工程师与企业家亨利·福特将**流水线**引入工厂，开始大批量生产汽车。很快，几百万辆“福特T形车”从福特公司的流水线上生产出来，逐渐进入了普通人的生活。

词汇单

流水线：工业生产的一种方式，由一系列工作台组成的移动生产线。当待装配产品在生产线上向前移动时，工人或机器只执行某一步工序的工作，以提高工作效率及产量。

过去

早期汽车必须通过手摇曲柄才能开动。早期汽车没有车顶，司机需要佩戴护目镜，防止路上扬起的尘土进入眼中。转弯的时候，必须提前打手势才行。车前灯使用的是煤油灯。

现在

转动钥匙点火，就可以启动汽车。现代汽车上安有可以发送转弯讯号的闪光灯。还有自动感应的车前灯以及安全带等必备的安全设备。车上不仅装有收音机和 CD 播放器，有些车上甚至还配置了 DVD 播放器。

内 燃 机

不论是汽油车还是柴油车，都是通过内燃机运行的。内燃机可以把燃料燃烧后的能量转化为动能。在以汽油为燃料的车里，汽油和空气混合后通过活塞的运动被压缩在更小的空间中。

压缩后的混合物被火花塞瞬间点燃，引起小的爆炸。爆炸推动活塞不断地向上运动或向下运动，推动曲轴以及与其相连的车轴转动，车轴再带动与它相连的车轮旋转，使汽车向前行驶。

柴油发动机有所不同，先压缩空气，再注入高压柴油。空气经过压缩，温度自动升高，产生的热量可以直接点燃柴油，不需要使用火花塞点火。

你知道吗？

汽油是从石油中提炼出来的。石油、煤炭和天然气所蕴含的能量都来自于几百万年前埋在地下的动植物，因此被称为化石燃料或矿石燃料。

公共汽车

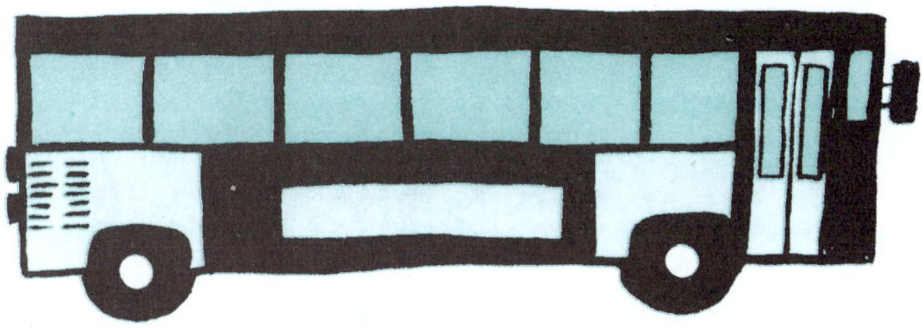

公共汽车又称为“公交车”和“巴士”。英语中的“bus”一词来自拉丁语，是“公共”的意思。

最早的公共交通工具是马车，到了后来，逐渐变成了蒸汽机车。公共汽车先在英国和德国的一些城市出现，后来逐渐在美国出现。

大约在1905年，美国纽约首次出现公交车。随着时代的发展，汽车发动机的性能及外观设计在不断改进，公共汽车也出现了很多的变化。我们今天所熟悉的现代公共汽车大约在20世纪50年代进入人们的生活中。双层的公共汽车一般称为“双层巴士”，运载乘客的数量是普通公共汽车的两倍。双层巴士在欧洲和亚洲非常受欢迎。

伦敦的一所贵格会学校于1827年开始使用校车，是全世界第一所使用校车的学校。那是一辆马拉式校车，上面可容纳25个学童。到了19世纪80年代末，美国一些学校开始陆续使用校车。

全世界最快的汽车

“超音速推进号”汽车是世界上最快的汽车，由英国人研制。1977年10月12日，它的时速达到1228千米。负责驾驶这辆车的是英国皇家空军战斗机驾驶员安迪·格林，他曾经驾驶着“推进号”穿越美国内华达州的黑岩沙漠。“超音速推进号”使用两台英军战斗轰炸机的喷气发动机作为动力来源。它不仅是目前全世界所有陆地车辆中速度最快的，还是第一辆冲破音障的陆地车辆，成为世界上首辆超音速汽车。

校车曾经有过许多名字，比如“儿童出租马车”、“学校卡车”等，主要用于接送住在乡村的孩子，因为这些地区较为偏远，小孩子走路上学很不方便。1939 年，美国的校车开始统一使用黄色，一直沿用至今。

你知道吗？

世界上第一个“停止”（STOP）路标于 1915 年首次出现在美国密歇根州。当时标牌为白色，字体为黑色。

卡　车

汽油发动机的发明者戈特利布·戴姆勒于 1896 年设计了世界上第一辆卡车。这辆卡车能够前进和后退，装有四马力的发动机。卡车的大规模生产始于第一次世界大战前夕。

卡车的发展经历了漫长的过程。最早的两项技术革新是空气制动器和气胎。如今的卡车都采用涡轮增压柴油发动机，比汽油发动机的动力更强。不少大型货运卡车都是用于长途运输的重型卡车。

吉普车（Jeep）名字的来源

吉普车是一种四轮驱动的轻便汽车，最初是专为参与第二次世界大战的美国军队而设计的。吉普车成为战场上的轻型侦察车，帮助运送小型武器和作战人员。关于吉普车名字的来源众说纷纭。有人认为，当时美国军队把这种车称为“GP”，是“General Purpose”（多用途车）的首字母缩写，久而久之，发音连读后就变成了“Jeep”。另外一种说法是，Jeep 一词源自 19 世纪 30 年代连环画中的一个卡通动物形象。这个顽皮的小动物名叫“尤金尼吉普”，喜欢到处乱跑，机智勇敢。军用吉普车就像这个小动物一样，可以开到任何地方。

卡车上载货的部分叫拖车，发动机叫牵引机。司机坐在驾驶室里开车。有些卡车的驾驶室里还有床，可供长途运输的司机途中停车休息。车头后面可以挂一辆或多辆拖车。驾驶室在发动机上方的卡车俗称为“平头卡车”，驾驶室在发动机后方的卡车俗称为“长头卡车”。铰接式卡车的发动机和拖车之间可通过铰链弯曲。

摩托车

摩托车是一种低油耗的交通工具。世界上第一辆摩托车是德国工程师戈特利布·戴姆勒和威廉·迈巴赫于1885年共同发明制造的。他们俩把改进后的蒸汽发动机连接到自行车上，还在车座上安装了马鞍，这就是摩托车的雏形。后来出现的摩托车使用的是汽油发动机。

摩托车在第一次世界大战中发挥了重要作用。由于车身小巧，速度极快，摩托车行驶起来非常灵活，可以到达其他大型军用车辆不方便进入的地方。美国的哈雷·戴维森公司从创立之初就一直从事摩托车的生产和制造，其经典品牌哈雷摩托名扬天下。在第二次世界大战期间，这家公司大约生产了近10万辆军用摩托车。

美国的埃维尔·克尼维尔是闻名世界的摩托车特技车手，享有“飞车超人”的美称。他曾经驾驶着哈雷XR-750型摩托车以时速145—161千米的惊人速度，不仅成功飞跃了许多辆汽车、半拖挂车和双层巴士，还飞跃过喷泉和装满凶猛鲨鱼的大鱼缸，刷新了多项历史纪录。

1974年，克尼维尔试图驾驶着由火箭推动的摩托车飞跃爱达荷州的斯内克河峡谷。摩托车以563千米的时速，一跃飞到了距离峡谷底部约600米的高空。可始料未及的是，他身上的降落伞因故障提早打开，导致他连人带车一起飘到谷底。

克尼维尔的大多数特技表演均以坠落事故告终。他在特技表演生涯中，一共经历过433次骨折。虽然多次被载入《吉尼斯世界纪录》，克尼维尔却从不认为自己是个“亡命之徒”。有一次，他在接受报纸采访时曾说：“我是一个探险家。”

车盖下面有什么？

交流发电机：蓄电池的充电设备。

蓄电池：为收音机和车灯供电的设备。

凸轮轴：用来控制气门的开启和闭合动作，使燃料进入，废气排出。

化油器：将一定比例的燃料与空气混合，调节进入发动机汽缸的混合气体。

催化式排气净化器：把燃烧产生的有害化学物质转化为水和二氧化碳。

曲轴：推动活塞不断运动，继而引起一系列反应，最终使汽车开动。

发动机：把燃料和空气转化为动能。

气缸盖：包含一个进气阀和一个排气阀。

消音器：消除或减弱发动机发出的噪音。

活塞：在管道内滑动的金属圆筒，发动机内施压的部件。

火花塞：产生电火花，以此点燃气缸内的混合气体。

涡轮增压器：一种空气压缩机，通过压缩空气来增加进入发动机气量。

你知道吗？

很快，人们就发现，并不是人人都有资格开车。1910 年，美国纽约州通过了一项为专业司机颁发执照的法律。新泽西州成为美国第一个要求所有司机必须通过考试后才能获得驾照的州。

美国汽车赛

美国第一个载于史册的汽车赛是 1896 年 9 月在罗德岛州举行的汽车赛，当时是在封闭的赛马跑道上进行的。共有三辆车参赛，但是比赛距离鲜为人知。获得冠军的选手使用的是自己制造的赛车。

1903 年 2 月，首届由专人组织的汽车赛在佛罗里达州举办。这个小型赛事最终演变成美国最负盛名的年度“代托纳 500 赛车比赛”。按照惯例，每一季的比赛都从美国普通汽车竞赛协会举办的巡回赛开始。

小趣闻

有些国家允许使用公路列车。顾名思义，公路列车是指在公路上行驶的火车，通常由好几节拖车组成，由一个车头牵引。公路列车不易控制方向，最好在没有其他车辆或车辆稀少的道路上行驶。

全美赛车联合会（缩写为 NASCAR，又译为纳斯卡赛车）是在 1947 年 12 月成立的，当时举办了“全美赛车巡回锦标赛”。之所以成立赛车联合会，是为了把当时较为松散的汽车赛有效地组织起来。当时参加比赛的赛车大多是“改装车”，这种改装车具有第二次世界大战前汽车的车身，外加一个改装过的福特、水星、凯迪拉克或林肯等品牌车的发动机。第一届比赛共计 40 个赛事，在 14 条不同的赛道上进行。冠军杜鲁门·弗洛克荣获 1.2 米高的奖杯和 1000 美金奖金。奖杯称为“斯普林特杯”。如今，许多赛车手都为大型企业和集团赞助的汽车俱乐部效力。

混合动力汽车

词汇单

生物燃料：由地球上曾经存在的生物（比如树木或水藻）组成或萃取的燃料。

温室气体：地球大气层中吸收热量并导致全球变暖以及气候变化的一些气体。

许多年以来，人们一直在使用混合动力汽车出行。凡是使用两种或两种以上的能源作为动力的汽车都是混合动力车。摩托自行车、柴油电力火车以及核潜艇使用的都是混合动力。混合动力汽车有两个发动机：一个是燃烧汽油的内燃机；另一个使用的是可替代的其他燃料，例如电力、压缩天然气、液化石油气或**生物燃料**。

如今，大多数混合动力汽车都是混合电力车。车内的蓄电池为电力汽车提供电力，这样就减少了燃料的消耗。目前有两种混合电力汽车。一种使用的是并联式混合动力系统，内燃机与发电机同时运作。而另一种为串联式混合动力系统，内燃机和电动机依次运作。内燃机带动发电机发电。之后发电机既可以给蓄电池充电，又可以为电动机提供动力。无论是安有并联动力系统还是串联动力系统的汽车，消耗的汽油都少于传统汽车，这也就意味着汽车排出的**温室气体**更少一些。此外，由于车内有电力发动机，混合动力汽车不用再加油，也能行驶很远。

你能为地球做些什么？

要想帮助我们的地球，你并不一定非要等自己到了开车的年龄才行。各种年龄的人都可以贡献自己的力量，减少污染和温室气体的排放，节约更多的化石燃料。你能做些什么呢？你可以试试走路到学校，而不是乘坐轿车去学校。这只是一个建议。列出你现在能做的5件事情，今天就开始行动吧。

你知道吗？

有些卡车专门运输危险物品，装载危险物品的容器上通常会醒目地写着“危险品”等字样。

制作一张赛车书签

1 在纸上画一辆赛车，小心地把它裁剪下来。

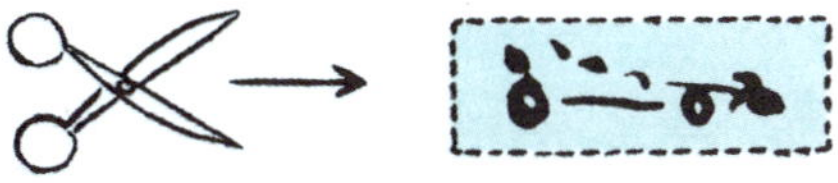

2 你想给这辆车取什么名字？这个名字让你联想到速度、冠军，还是别的什么？或与运气、勤奋有关？

3 把想好的名字画在赛车车身一侧。发挥你的想象力，给赛车两侧涂上颜色。你可以在看书时把它当书签，也可以把它当礼物送给别人。

活动准备

* 纸
* 剪刀
* 彩色蜡笔、彩色铅笔或记号笔

自创汽车品牌

所有的汽车品牌都有自己旗下的车名。汽车公司可以借助车名讲述与汽车相关的故事，从而促进汽车的销量。这就是市场营销。有的汽车车名使人联想到在路上自由驰骋的感觉，有的会让人感觉像电影明星一样酷。那么汽车的名字从何而来呢？

州名: 克莱斯勒纽约人
鸟类: 吉普老鹰
著名汽车赛: 庞蒂亚克大奖赛
城市: 克莱斯勒纽波特
牛仔: 吉普牧马人（又名“Wrangler 牧马人”）
占星术: 福特金牛座
昆虫: 大众甲壳虫；阿尔法罗密欧蜘蛛
马: 福特野马；道奇小马；福特烈马
北美土著人: 吉普切诺基；马仕达娜伐乔
纽约街道: 克莱斯勒林荫大道

活动准备

* 纸
* 彩色铅笔

1 把你所知道的汽车品牌一一列出，尤其是你最喜欢的汽车品牌。至少列出 10 个。

2 想想这些车名有什么意义，它们是怎么来的？这些车名是否可以归到某个类别？是地名？还是动物名？在每个车名旁写上类别。

3 想想看，这些车名想要传达什么样的信息？速度？坚固？自由？还是仅仅是一个编造的词？如果是的话，那么这个词想表达什么意思？把这些信息写在车名和类别旁边。

4 该给你的汽车取个名字了。你想通过自己创造的车名传达怎样的想法？你设计的汽车应具备哪些特性？它是一辆跑车、小面包车还是卡车？谁将要开这辆车呢？青少年，工人还是妈妈们？你取的车名应该要让未来的买主产生购买、驾驶这辆车的欲望。

5 把你设计的这辆车画在纸上，旁边写上车名。你甚至可以在书写车名时变换字体，传达你的设计理念。

制作交通灯相框

在过去，随着道路上行驶的车辆增多，车祸发生的频率也越来越高。所有开车的人都理所当然地认为自己拥有过马路的优先权。汽车开到十字路口时，没有人刹车停下。假如没有交通灯维护道路交通秩序，那么我们当今的社会将会变成什么样？你能想象吗？红绿灯是 1912 年一位名叫莱斯特·怀尔的盐湖城警察发明的。最早的交通灯只有两种颜色——红色和绿色。1920 年，美国第一个三色交通灯在密歇根州使用。来自密歇根州的威廉·波茨以铁路信号灯为模型，并在原来的基础上增加了黄色，借此提醒司机信号灯的颜色正在变换。

活动准备

* 黑色、红色、黄色、绿色硬纸各一张（宽 22 厘米，长 28 厘米）
* 剪刀
* 直径约为 8 厘米的玻璃杯或塑料杯
* 铅笔
* 胶水
* 三张可以放入相框内的小照片

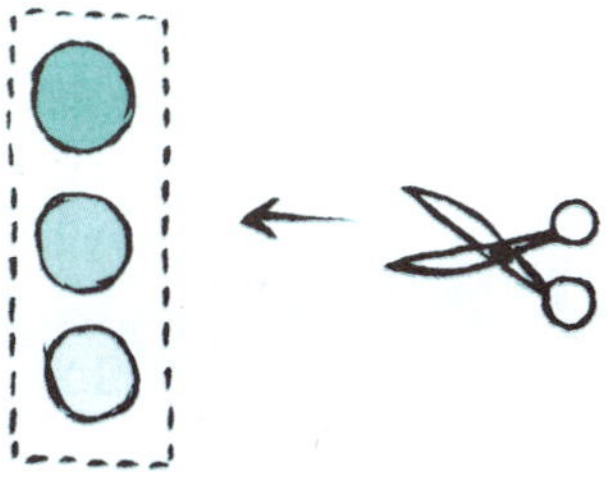

1 把黑色硬纸对折成两个细长的长方形。沿着中间的折线剪开。再把杯子分别倒扣在绿色、黄色和红色硬纸上，用铅笔描出圆形杯口的形状后把三个圆圈剪下。

2 按照实际生活中交通灯的正确顺序，依次把三个圆圈贴在黑色长方形硬纸上，红色在上面，黄色在中间，绿色在下面。

3 把照片剪小，贴在交通灯的圆圈中。把做好的交通灯相框贴在冰箱上或挂在墙上，还可以把它当作礼物送给某位特殊的朋友。

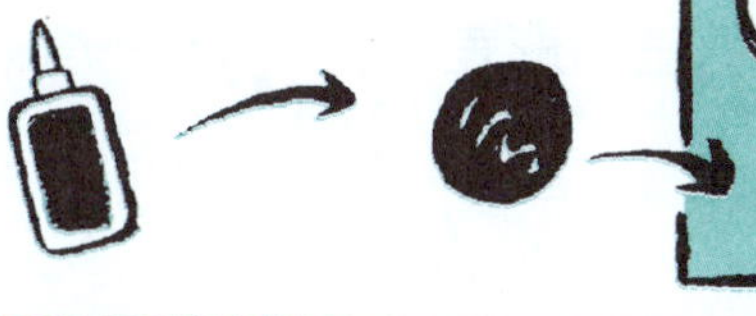

画一张社区地图

制图术是制作地图的艺术。迄今为止，人们所知道的最古老的地图是公元前2300年绘制在黏土板上的一幅手绘地图。据称，这是一幅古巴比伦城（位于今天的伊拉克境内）的地图。印刷术发明之后，地图的复制变得容易多了。哥伦布和其他探险家开始为新发现的地方绘制地图，渐渐就有了世界地图。随着历史的变化，有些地区会在地图上呈现相应的变化。你居住的社区在50年前是什么样子？你可以从当地公共图书馆存放的地方志中，了解自己社区的变化。亲自动手绘制一幅社区地图吧，把历史的面貌存留下来。

活动准备

* 纸
* 几张方格纸
* 彩色铅笔
* 胶带

1 先在普通的纸上画一张社区草图。可以画自己的家、街道、邻居家、朋友家、游乐场、公园，以及其他有趣的地方。你甚至还可以让这张图不断延伸，把整个城市包含在内。别忘了在上面标记出你的学校、公共图书馆、教堂和你最喜欢的店铺的位置。

2 请大人帮忙，估算出这些地点之间的距离。

3 开始在方格纸上画地图吧。借助纸上的方格，可以把地图画得井然有序。要想画一幅很大的地图，可能要用胶带把几张方格纸拼在一起。

4 标出图例。图例是地图上表示地理事物的符号，可以显示地图上的不同地区。如果地图上有一片空地，你可以给这片区域涂上阴影，然后在地图一角或一侧画上一个小阴影方块，旁边写上“空地”。山脉或丘陵可以用一个黑色三角形表示。河流用一条曲线表示。画好后把地图挂在墙上。

自制棋盘格旗的门挂

在全美赛车联合会举办的赛事中，每当遥遥领先的车辆冲过终点线夺冠时，裁判就会高高扬起手中的棋盘格旗。把这样一面旗挂在自己家的门上，你就可以永远当冠军了。

活动准备

* 一块白布，长度约 20 厘米，宽度约 18 厘米
* 布料专用胶水
* 一块约半米长的黑布
* 铅笔
* 纸
* 尺子
* 剪刀
* 任何一种颜色的永久性记号笔
* 三根结实的吸管
* 胶带
* 约 60 厘米长的黑色或白色丝带

1 把白布的四边向后翻折 2.5 厘米左右。用胶水黏贴，做成卷边。

2 用尺子在纸上量出一个长和宽均为 2.5 厘米的正方形。剪下后，再放到黑布上，以此正方形为样板，剪出 15 个黑色的方块。

3 使用布料专用胶水，按照本页所显示的图案，把黑色的方块黏贴到白布上。晾干之后，用记号笔直接在棋盘格图案的上面或下面写上你的名字。

4 小心翼翼地在这面旗最上面的卷边处留出一条细缝。用胶带把三根吸管绑在一起。把吸管插入卷边里的细缝。吸管应该会从旗的左右两侧冒出头来。剪下多余的部分。把丝带系在两侧的吸管上，挂在门上。

1. 向上飞呀飞：空中探索

为了便于出行和运输货物，人类已经用尽了陆地和海洋的各种交通运输方式，接下来只能向空中探索。几百年甚至几千年以来，人类一直梦想着能像鸟儿一样自由地在空中翱翔。

在空中运输工具的发展史上，最早发明的是热气球和飞机。很快，宇宙飞船就出现了。接下来，人类还会有什么新发明呢？

热气球

人类最早是乘坐热气球升空的。1783 年，法国的蒙戈尔菲耶兄弟俩，也就是约瑟夫·米歇尔·蒙戈尔菲耶和雅克·艾蒂安·蒙戈尔菲耶，共同制造了全世界第一个热气球。约瑟夫在观察衣服在火边烤干时获得灵感。他注意到，空气被火加热后，会使衣服**膨胀**起来。

词汇单

膨胀：形容一个东西鼓起来，或里面充满空气。

凡尔赛宫：法国著名的宫殿，宏大而华丽，位于巴黎附近。

蒙戈尔菲耶兄弟采用一种名为塔夫绸的挺括布料，以及几根绑在篮子上的绳子，对自己设计的热气球进行试验。他们用一种类似于轻便烧烤炉的燃烧器为空气加热，使热空气充满整个气球。热空气比周围的空气要轻，因而会使气球上升，篮子也随之上升。

在这次升空试验中，关在篮子里的一只羊、一只鸭子和一只公鸡成为世界上首次乘坐热气球的生物。这次升空试验在法国巴黎**凡尔赛宫**前举行，许多人目睹了这一盛况。当时的法国国王路易十六和王后都在现场观看。整个飞行过程持续了大约 8 分钟。热气球全程飞行了 3 千米，缓缓升到大约 460 米的高空，最后安全地着陆。

“空中之鸟”

1877 年，一个名叫詹姆斯 · 杰克逊 · 彭宁顿的美国人成功申请了一项热气球专利，他设计的“空中之鸟”与之前法国蒙戈尔菲耶兄弟的热气球较为相似。然而不同的是，彭宁顿设计的热气球升空并不是通过加热的空气，而是通过一个悬挂在气球外的风扇。风扇不断吸入周围的空气，使气球膨胀，然后空气再从气球顶部的一个小洞钻出去。可惜的是，彭宁顿当时没有钱建造出第一个完整的样机。1884 年，他还未能完成这个样机，就匆匆离开了人世。后来，他的遗孀把“空中之鸟”这一创意以 500 美元的价格卖给了莱特兄弟。

一个月后，法国军队的一位军官和一位军医成为最早乘坐热气球旅行的人。他们乘坐的热气球在巴黎郊外起飞，一直飞到 910 米的高空，飞行 25 分钟后安全地降落到地面。从那以后，人们已经渐渐喜欢上了空中旅行。

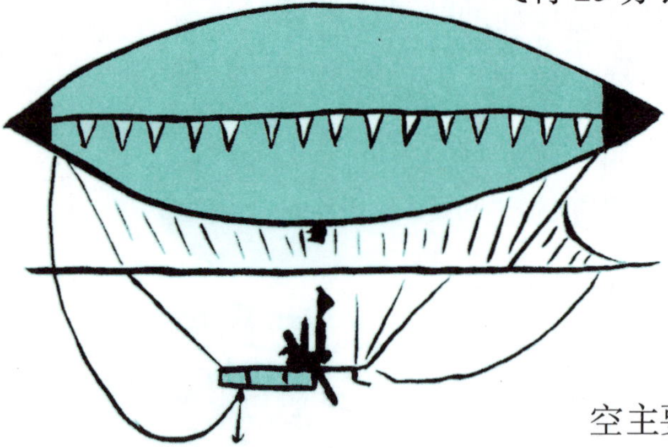

飞　艇

1852 年，飞艇（又叫轻式飞船）首次在法国问世。这些早期航空器的升空主要依靠的是氢气、蒸汽发动机和螺旋桨。在接下来的 50 年间，人们不断对飞艇进行改进。1901 年，一位名为斐迪南·冯·齐柏林的德国伯爵设计了齐柏林 LZ1 飞艇。这是世界上第一艘试验成功的硬式飞艇。它的金属外壳上包着一层棉布，内装 17 个**氢气**囊，囊外覆盖着橡胶。飞艇的前部和艉部都有方向舵，艇内还有两个 15 马力的蒸汽机，每个蒸汽机带动两支螺旋桨运转。

齐柏林飞艇问世之后，人们便开始用齐柏林的名字给飞艇命名。在第二次世界大战爆发之前的十几年内，飞艇成为跨大西洋航线的一种常见的交通运输工具。

当时世界上最大的飞艇是“兴登堡号”飞艇。这是一艘定期往返于德国和北美之间的豪华飞艇。

你知道吗？

1896 年 5 月 6 日，美国著名科学家塞缪尔·兰利在**波托马克河**的一艘船上，进行了无人驾驶的飞机模型试验。这艘蒸汽驱动的飞机模型从船上弹射起飞，在空中持续飞行 1200 米之后坠入水中。兰利当时担任“**史密森学会**”秘书，多年来一直致力于飞机研究事业上。

词汇单

氢气： 世界上已知的最轻的气体，是飞艇和氢气球的填充气体，具有可燃性。

波托马克河： 美国中东部的一条重要河流，流经美国首都华盛顿。

史密森学会： 一所由美国政府资助、半官方性质的博物馆机构，于1846年在华盛顿创建，对科学研究给予大力资助。

你知道吗？

如今，人们常常可以看到固特异飞艇或其他一些小型飞艇在空中飘浮。这些飞艇里充的是氦气，而不是氢气。氦气不会燃烧，也不助燃。

“兴登堡号”飞艇宛如空中的豪华宾馆。舱内不仅有许多小卧室，有一间烹制美味佳肴的餐厅，还有不少可供乘客们休息放松的客厅以及其他公共设施，甚至还有一个配有大钢琴的音乐沙龙。从德国的法兰克福乘坐飞艇到美国的东海岸，需要3天时间。

1937年5月2日，正当“兴登堡号”飞艇准备降落在美国新泽西州莱克赫斯特海军航空总站时，突然起火，发生爆炸，几分钟内便被大火完全吞噬。气囊中的氢气极其易燃。这次事故共有36人遇难，其中包括一名地面人员。因为这场事故，齐柏林商业载客飞艇从此退出了历史舞台。

第一架飞机

美国的奥维尔·莱特和威尔伯·莱特设计了人类历史上第一架有人驾驶的动力飞机。1903年12月17日，莱特兄弟首次在美国北卡罗来纳州基蒂霍克镇进行了飞行试验。这架飞机名为“飞行者一号”，是一种由轻质木料桦木制成的滑翔机。

这是一架双翼机，有两副机翼，上下并排配置。**翼展**略超过 12 米。里面空间很小，一次只能容纳一个人。兄弟俩轮流试飞。先是奥维尔掌握着方向舵，进行首次试飞。“飞行者一号”在空中停留了 12 秒，飞行距离约 37 米。奥维尔着陆后不久，威尔伯又驾驶飞机进行第二次短时试飞。

1927 年，美国飞行员查尔斯·林德伯格成为历史上首位成功完成单人不着陆飞行的人。他驾驶飞机从纽约起飞，历经 33 个小时后安全到达巴黎。在接下来的十几年里，飞机制造商们都在不断地对飞机进行改进，使飞机旅行变得更快更舒适。

第二次世界大战爆发后，几乎所有跨越大西洋的民航飞机都停飞，只有一些特殊情况除外。战争期间，飞机主要用来运送部队、军事设备和军用物资。此外，飞机还能投掷炸弹、侦察敌方，在战场上发挥了巨大的作用。

第二次世界大战结束后，靠喷气发动机推动、速度更快的喷气式飞机发展迅速。波音 747 一类的喷气式飞机与螺旋桨式飞机相比，可以飞得更高、更快，而且能够运载更多乘客。飞机也逐渐成为运输货物和信件的主要工具。

喷气发动机的工作原理

喷气发动机有三种类型：涡轮喷气发动机、涡轮扇发动机和涡轮螺旋桨发动机。这三种都是内燃机。喷气发动机吸入外界的空气，使之与燃料混合，产生压力很大的气体。电火花点火后，气体燃烧膨胀，向后喷出。正是由于气体向后喷出，喷气机在反作用力的作用下快速地向前飞。早期喷气式飞机的时速可以达到 885 千米。历史上最快的喷气式飞机是洛克希德 SR-71 黑鸟式战略侦察机，时速最快可达 4022 千米。

词汇单

翼展：飞机机翼左右翼尖之间的距离。

单翼机：只有一副机翼的飞机。

音障：飞机的最大飞行速度接近音速时出现的阻碍飞行的现象。

世界航空之最

1907年，第一架**单翼机**在法国试飞。

1914年，第一次商业航班在美国佛罗里达州开始运行。

1919年，第一条航空客运航线在德国正式运行。

第一次世界大战中飞机首次运用到战场上。最初，飞机主要用于侦察敌情。到了战争末期，飞机上装载着枪炮和炸弹。

突破音障

声音的传播速度是每小时1205千米。任何一种运动，如果时速超过1205千米，就会遇到**音障**需要突破。1947年10月14日，美国空军飞行员查克·耶格尔成为突破音障的第一人，他驾驶的飞机时速达到1237千米，创造了前所未有的历史纪录。一旦飞机突破音障，就会产生音爆，这是一种非常响的隆隆声。

“空军一号”

“空军一号”是空军的一种无线电代码，特指美国总统乘坐的专机。无线电代码是指广播和其他方式通讯中用来分辨某个人或物体的代码。总统专机是两架相同的波音747飞机。这两架飞机只有在总统乘坐的时候，才称为“空军一号”。总统专机在飞行时，通常会有其他几架飞机随航，其中包括货机和加油机。

“空军一号”停放在美国马里兰州的安德鲁斯空军基地19号飞机库。在空中飞行时，“空军一号”宛如飞行中的白宫“椭圆形办公室”，舱内配置齐全，有电话、电脑、电视机、传真机和复印机，有两间为总统和其他乘客准备膳食的厨房，还有一间会议室，一间药房，以及总统专用的卧室。此外，还有许多办公桌和房间，供总统的工作人员及随行记者使用。

美国空军第89空运联队负责对组成“空军一号”的总统专机进行运营和维修。运载副总统的空军飞机被称为“空军二号”。

关于美国总统的飞行趣闻

- 总统乘坐“海军一号”直升飞机从白宫出发，到达“空军一号”。
- 富兰克林·罗斯福是第一位乘坐飞机的美国总统。1943年，他乘坐波音314巨型客机到达北非摩洛哥的卡萨布兰卡。罗斯福总统在卡萨布兰卡与时任英国首相的温斯顿·丘吉尔会面，共同商讨第二次世界大战后期同盟国进攻欧洲的计划。

● 德怀特·艾森豪威尔是第一位使用“空军一号”这一无线电代码的总统。

● 哈里·杜鲁门是第一位乘坐飞机在美国境内飞行的总统。他乘飞机回密苏里的老家度了一天假。

● 约翰·肯尼迪总统在任时，要求总统专用的喷气式飞机印上美国的全称“United States of America”，机尾处两侧印上美国国旗图案。

● 1963 年 11 月，肯尼迪总统在得克萨斯州达拉斯市遇刺身亡之后，林登·约翰逊在“空军一号”的机舱内宣誓继任，成为美国第 36 任总统。

直升飞机

直升飞机是一种多用途飞机，既可以向前飞，向后飞，也可以侧飞。直升飞机不仅能够垂直起飞或降落，还能在空中盘旋。机顶上的旋翼快速旋转，可带动飞机从地面升起。

直升飞机不需要跑道就能起飞和降落，因而能发挥多种用途。它们可以帮忙救助伤员，并及时把伤员送到医院。在战争中，直升飞机能够运送部队和物资，必要时可以将部队士兵从战场上迅速转移。直升飞机还可以用于灭火。世界上最快的直升飞机是“山猫”直升机，它的时速曾高达 401 千米。

自己设计邮票

有时，美国邮政局会专门发行纪念某些人物或事件的邮票。那么，邮局怎样决定应该把谁放在邮票上呢？他们会听取普通市民的建议。对于未来的邮票应该出现哪个人的头像或纪念哪一个事件，你也有发言权。画几张草图，然后写信把你的建议告诉“公民邮票咨询委员会”。如果你的创意被选中，他们就会请一位美术家按照你的想法创作真正的邮票。委员会决定采用你的创意后，大约要经过3年的时间才能把邮票制作完成。

了解空气分子

空气由各种不同的分子组成。这些分子都在不停地运动。以下实验将带你亲自体验空气分子的运动。

活动准备

* 一瓶香水
* 一个棉球
* 有秒针的钟表

1 打开香水瓶盖，把几滴香水滴在棉球上。注意别把香水溅到手上或衣服上。

2 把滴有香水的棉球放在房间的一个角落，然后到房间另一个角落等候，开始计时。过了几分几秒之后你才闻到香水的味道？

香水含有的分子从棉球不断升起，与空气中的分子混合在一起。由于空气中的分子在不停地运动，香水中的分子也最终会到你的周围，你自然就会闻到香水的味道。这个过程总共花了多久？

自制降落伞

降落伞可以载人或载着水、食物和医疗用品到达民航飞机和直升飞机无法降落的地方。这些地方可能是战区或遭受自然灾害的地区。降落伞的运作主要依靠空气的阻力。降落伞打开时，阻力增加，于是降落变缓。降落伞很容易制作，不过在试飞降落伞时，最好请大人帮忙。

活动准备

* 一块 25 厘米 ×25 厘米的正方形塑料布，比如旧的塑料桌布
* 打孔器
* 一只 180 克重的纸杯
* 4 根线绳，每根线的长度为 25 厘米

1 用打孔器在塑料布的四个角上各打一个孔。

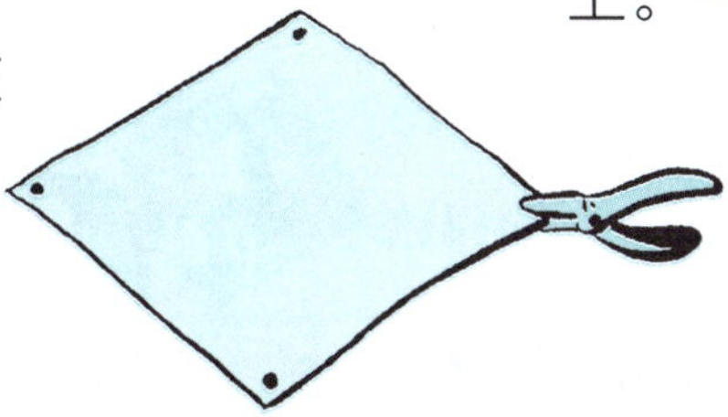

2 在塑料布的正中央打一个孔。这个孔是排气孔，避免降落伞在下降过程中过于摇晃。

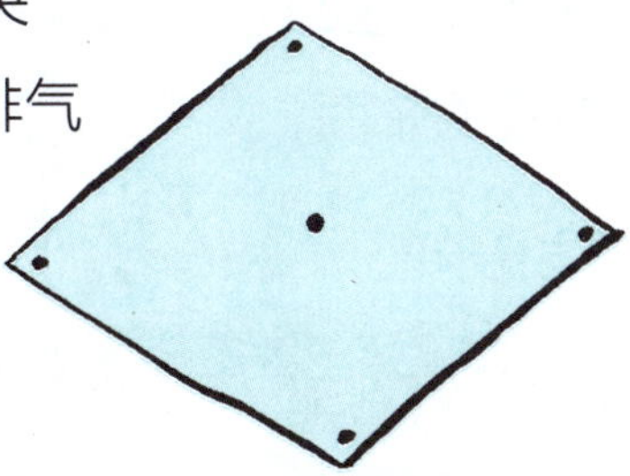

3 用打孔器在纸杯的边上均匀地打四个孔，使两个相邻孔之间的距离相同。

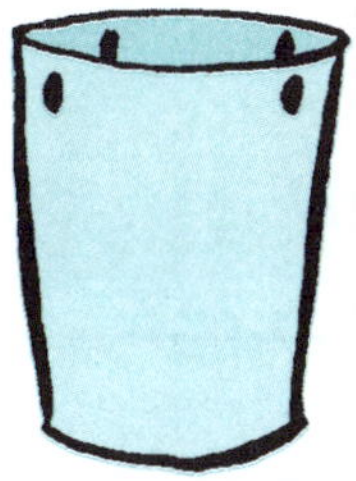

4 用绳子把塑料布系到纸杯上。一定要把结打得非常牢固。请大人帮忙从船的甲板或者高楼窗外放飞降落伞。

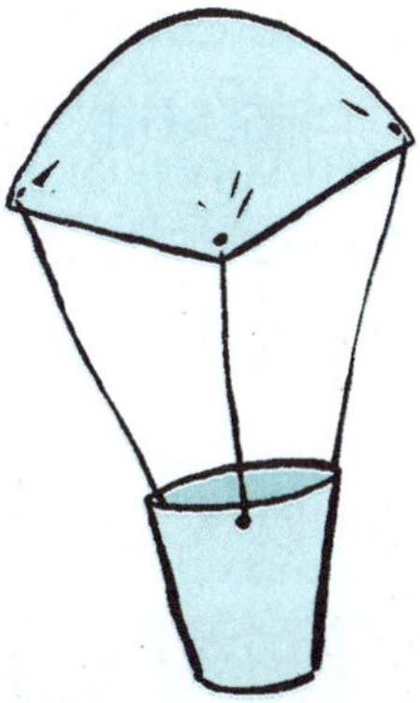

寄明信片

在电子邮件还没有出现之前，人们常常在信纸上写信，通过邮局寄出。寄明信片不失为一种既快速又便捷的通信方式。

活动准备

* 明信片样张
* 彩色蜡笔或记号笔
* 钢笔
* 邮票

1 模仿明信片的样张。在明信片左边给你的一个朋友简单写上几句话。写好别忘记签名。

2 再写上你的地址以及收信人的地址，在地址上方贴上邮票。

3 用彩色蜡笔或记号笔来装饰明信片的空白面。可以用图画描述你经历过的一次旅行，可以画自己觉得有趣的东西，也可以设计一个很酷的图案。

4 请大人帮忙，把你的明信片带到邮局邮寄出去。耐心等着对方的回信吧。

小趣闻

滑翔机没有动力装置，因此必须借助升力才能在空中停留。滑翔机的升力由双翼产生。滑翔机的速度越快，双翼产生的升力越大。

8.未来展望

迄今为止，人类无疑已经发明了许许多多不可思议的交通运输工具。然而，科学家和发明家们并没有停止探索的脚步，他们还在努力地改进，使交通运输变得更快速、更便捷、更安全。那么，未来的交通运输方式会有哪些变化？

在未来几十年内，整个世界将逐渐减少对化石燃料的使用。目前，大多数交通运输工具主要依赖汽油或其他石油制品。用不了多久，化石燃料就会渐渐枯竭，因此人类需要寻找其他途径，为运输工具提供动力。

电力将在未来发挥越来越重要的作用。目前，全世界最快的依靠车轮行驶的火车是法国高速列车。这是一种电力火车，时速可达 575 千米。如今，一些利用家庭电源通宵充电的电动汽车也已经问世，不过由于价格昂贵，使用的人还不是特别多。电动汽车的时速可达 95 千米，一次充电后可以行驶 80 千米，之后才需要再次充电。

未来的运输工具很有可能依赖一种容易找到的免费能源——**太阳能**。阳光可以用来发电。靠太阳能驱动的汽车很有可能在未来得到广泛应用。

词汇单

太阳能：太阳光辐射产生的能量。

元素：在化学上不能再分解为更简单的物质，自然界中的万物都是由各种元素组合而成。氧和金都是元素。

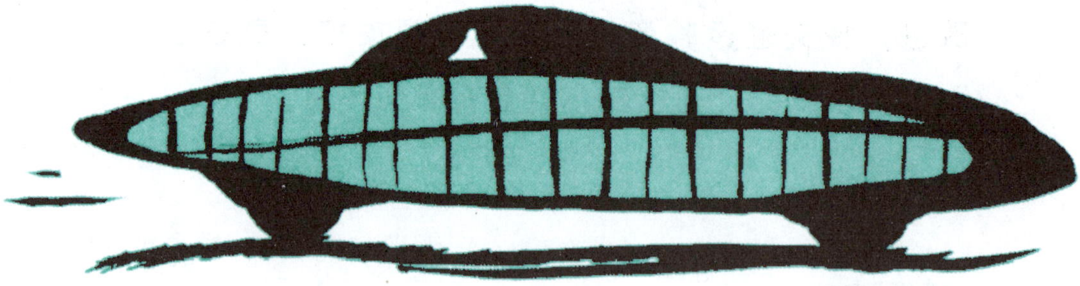

磁悬浮列车

磁悬浮列车是一种靠磁作用而使列车处于悬浮状态下行进的列车。这种列车实际上是在一条轨道上运行，时速达 500 千米。德国和一些亚洲国家目前正在使用磁悬浮技术。有一种磁悬浮技术是利用列车车厢内外的磁铁以及电力来驱动列车运行。其他磁悬浮技术目前还在开发之中。

未来还有一种可能，那就是氢气将成为一种替代燃料。氢是宇宙中含量最高的**元素**。以氢为主要能量来源的汽车叫做氢能汽车。这种汽车能将水分子分解为氢和氧。汽车利用氢产生电能，使汽车运转，并且排出氧和水。氢不仅可以为汽车提供动力，而且整个过程非常环保，不会产生污染。

太空旅行：

太空有什么？

未来交通运输方式面临的最大变化在于，如何将人或物运载到太空。美国国家航空航天局负责制订、实施美国的太空探索计划，并开展太空研究。

自平衡车

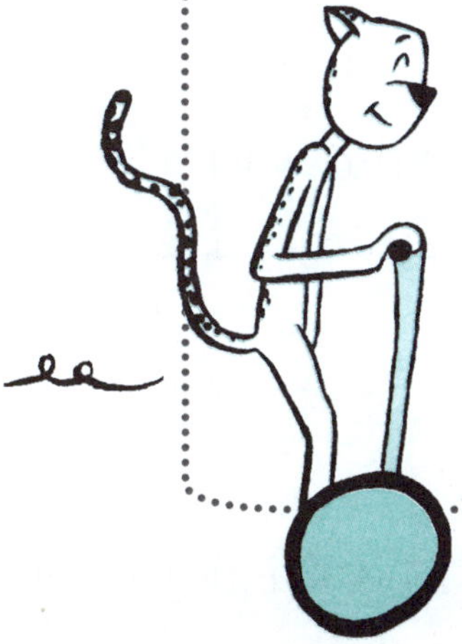

2001年，美国人迪安·卡门发明的“赛格威”自平衡车开始向公众出售。这种由电力驱动的充电滑板车主要依靠人的平衡能力。如果你身体微微前倾，自平衡车就会向前滑行。如果你向后倾，自平衡车就会减速停止。它还可以调转方向。自平衡车的时速可达20千米，一次充电后可以连续使用17个小时。有些人认为，自平衡车是一种既快速又便宜的出行工具。

“自由之船”

在未来，人们可能会寄希望于轮船，因为轮船不仅是一种交通运输工具，还能为人们提供居住的场所。目前，美国佛罗里达一家国际船运公司正在计划建设一座名为“自由之船”的海上漂浮城市。建成后，它将成为世界上最大的超级邮轮。这艘邮轮长达1600米，有25层楼高，并且有三个城市街区那么宽，可容纳5万多人居住。这座海上漂移城市计划每隔两年环球航行一圈。

1998年建立的国际空间站是人类开发太空运输的第一步。自2000年起，空间站开始有宇航员进驻。国际空间站相当于一个足球场大小，在地球上空350千米的轨道上运行。运行时速超过27000千米，每天环绕地球15次。进驻国际空间站的宇航员来自17个国家，他们在里面做实验，继续建设空间站并维护其日常运行。美国航天飞机和俄罗斯联盟号飞船运载着宇航员和补充物资到空间站。已经陆续有几位太空游客搭乘过俄罗斯联盟号飞船，探访国际空间站。太空旅行的票价非常昂贵，要想上太空看看，必须支付2500万美金才行。

从地球上常可查看到国际空间站和其他飞行器的活动范围。如果你感兴趣的话，不妨浏览美国国家航空航天局国际空间站的网站（http://spaceflight.nasa.gov/realdata/sightings/），了解航天器大约会在什么时候飞经你家所在的社区。

人类不仅已经进入太空，而且还在太空中工作和生活。美国国家航空航天局曾进行研制新型运载火箭——“战神1号”火箭和“战神5号”火箭。这两种新型火箭肩负着美国重返月球的重任，它们先运载宇航员到达月球，之后再将他们载送到火星和太阳系其他目的地。“战神1号”将运载一批新的宇航员登月，而“战神5号”将运载货物到达月球，其中包括登月所需的硬件设备。此外，它还要携带食物、淡水以及其他基本生活用品，以便宇航员在外太空逗留的时间长一些。按照拟定的计划，火箭将于2015年之前发射升空，到达国际空间站，将于2020年之前到达月球。但由于种种原因，这一计划于2010年最终被取消。

你知道吗？

火箭之所以能够推动宇宙飞船进入太空，是因为它们不需要外界的氧气来源。火箭可以自带氧气。

太空旅行之最

- 第一个进入太空的国家是前苏联（现在的俄罗斯）。1957年10月4日，前苏联发射了人类第一颗人造地球卫星，太空时代从此开启。
- 第一个进入太空的人是前苏联宇航员尤里·加加林。1961年4月12日，加加林乘坐“东方1号”宇宙飞船，绕地球一周，历时108分钟，完成了世界上首次载人空间飞行。待飞船接近地球时，他从飞船弹出，使用降落伞着陆。
- 艾伦·谢泼德是进入太空的第一位美国宇航员。1961年5月5日，他搭乘“自由7号”飞船飞到320千米的高空，飞行持续了15分钟。

- 1969年7月20日，人类首次登上月球。美国宇航员尼尔·阿姆斯特朗和巴兹·奥尔德林首次在月球上行走，还收集了月球上的一些岩石。
- 美国研制的第一架航天飞机“哥伦比亚号”于1981年4月21日成功发射升空。

寻找北极星

许多世纪以来，人们在夜间行路时常常仰望北极星，靠它来指引方向。要想找到北极星，最好是在一个晴朗漆黑的夜晚来到空旷的室外。先找一找北斗七星，就是看起来像长柄勺的七颗星。再找到勺子边上正对着勺柄的两颗星。在脑海中把这两颗星用假想的直线连接起来，一直延伸到小熊星座（小北斗）的方向。小熊星座“尾巴尖”上最明亮的一颗星就是北极星。

自制交通拼贴画纪念纸盒

从杂志和商品目录册上剪下图片之前，一定要先得到大人的允许哦。

活动准备

* 杂志和商品目录册
* 剪刀
* 一个干净的盒子，大小类似于鞋盒，或者稍大一点
* 记号笔
* 胶水

1 翻阅杂志和商品目录册，找一些能代表各种交通运输方式的图片。

2 把找到的图片小心地剪下来。图片越多越好，尽量能贴满整个盒子外部（除底部外）。

3 把图片粘贴到盒子上。在空白处用记号笔涂满颜色，确保整个盒子完全被图片或颜色所覆盖。

4 把你的交通拼贴画纸盒放在一个安全的地方晾干。待完全干透后，你可以用这个盒子保管学校的文具、手工艺品、照片，以及对你来说有特殊意义的东西。

图书在版编目(CIP)数据

探索交通：25个探究交通的创新活动/(美)亚苏达(Yasuda, A.)著;(美)斯通(Stone, B.)图；董海雅译. —上海：上海科技教育出版社，2016.7

("科学么么哒"系列)

书名原文：Explore Transportation

ISBN 978-7-5428-6414-7

Ⅰ. ①探… Ⅱ. ①亚… ②斯… ③董… Ⅲ. ①交通运输—青少年读物 Ⅳ. ①U-49

中国版本图书馆CIP数据核字(2016)第092481号

责任编辑 吴 昀
装帧设计 杨 静

"科学么么哒"系列

探索交通——25个探究交通的创新活动

[美]阿妮塔·亚苏达 著
[美]布赖恩·斯通 图
董海雅 译

出　版 上海世纪出版股份有限公司
　　　　上 海 科 技 教 育 出 版 社
　　　　(上海市冠生园路393号 邮政编码200235)
发　行 上海世纪出版股份有限公司发行中心
网　址 www.ewen.co www.sste.com
经　销 各地新华书店
印　刷 常熟文化印刷有限公司
开　本 787×1092 mm 1/16
印　张 6
版　次 2016年7月第1版
印　次 2016年7月第1次印刷
书　号 ISBN 978-7-5428-6414-7/G·3656
图　字 09-2014-157号
定　价 20.00元

Explore Transportation: 25 Great Projects, Activities, Experiments
By Anita Yasuda
Illustrated by Bryan Stone